VARIÉTÉS SINOLOGIQUES N° 25

QUELQUES MOTS

SUR LA

POLITESSE CHINOISE

PAR

LE P. SIMON KIONG, S. J.

(龔古愚)

AVEC

APPENDICES SUR LES FOURRURES ET SOIERIES

PAR LE P. F. COURTOIS, S. J. (柏永年).

CHANG-HAI

IMPRIMERIE DE LA MISSION CATHOLIQUE

ORPHELINAT DE T'OU-SÈ-WÈ

1906

VARIÉTÉS SINOLOGIQUES

VARIÉTÉS SINOLOGIQUES N° 25

QUELQUES MOTS

SUR LA

POLITESSE CHINOISE

PAR

LE P. SIMON KIONG, S. J.

(龔古愚)

AVEC

APPENDICES SUR LES FOURRURES ET SOIERIES

PAR LE P. F. COURTOIS, S.J. (柏永年).

CHANG-HAI

IMPRIMERIE DE LA MISSION CATHOLIQUE

ORPHELINAT DE T'OU-SÈ-WÈ.

1906

中華儀注

INTRODUCTION.

Ce travail était, dans son but primitif, uniquement destiné aux missionnaires.

Retouché, augmenté, enrichi de nombreuses gravures, suivi d'appendices bien documentés, devenu par suite d'un intérêt plus général, il demande aujourd'hui l'hospitalité aux *Variétés sinologiques.*

Ces quelques pages forment, au point de vue linguistique, comme un dictionnaire précis des termes relatifs au costume, aux salutations, aux visites officielles. — Au point de vue social, elles montrent quels soins minutieux, quel grand air aussi, quelle noblesse presque raffinée les Chinois distingués ont su apporter dans leurs relations.— Enfin, elles constitueront bientôt un véritable document historique, si fort semble le courant qui emporte la Chine, loin de son passé et de ses traditions, vers les études, les sciences et même la politesse des peuples d'Occident.

TABLE DES MATIÈRES.

TABLE DES GRAVURES.

QUELQUES MOTS

SUR LA POLITESSE CHINOISE

CHAPITRE PREMIER

SUR LE MAINTIEN DU CORPS

1. Il est évident tout d'abord, que le corps doit avoir une pose naturelle ; l'on évitera de le maintenir droit et raide, mais il faut l'incliner un peu en avant ; d'où il suit que la tête doit elle-même être légèrement baissée et inclinée en avant ; l'on doit se garder toutefois de la pencher d'un côté ou de l'autre.

2. Il n'est point permis (ici en Chine pas plus que partout ailleurs) de promener les yeux autour de soi ; mais, en général, il faut les tenir modestement fixés sur l'objet que l'on regarde ; et, si l'on est devant un supérieur, ils doivent être modestement baissés. Cependant il n'est point défendu dans la politesse chinoise de regarder en face, même son supérieur, surtout quand on l'écoute ou qu'on lui adresse la parole. Toutefois il est à remarquer que quand le supérieur vous interroge sur quelque objet, vous devez lui montrer la plus grande attention ; de même, chaque fois que vous répondez à ses questions, vous devez incliner légèrement le corps et la tête en avant, quand même vous seriez dispensé de vous lever.

3. L'inclination de la tête et du corps s'entend d'un léger petit mouvement, toujours moins ample que celui de nos cérémonies religieuses.

4. Les mains doivent être ordinairement tranquilles et pendantes. Quand on marche un peu vite, on n'agite guère les bras ; mais lorsque l'on marche doucement, alors, les mouvements des bras doivent suivre naturellement et avec aisance les mouvements des jambes, c'est-à-dire, que l'on avance tout doucement le bras droit ou le bras gauche, selon que c'est le pied droit qui s'avance, ou le gauche. (Pl. I.)

5. Quand on va au-devant de quelqu'un, on doit hâter le pas
à son approche, comme si l'on était impatient de voir son hôte. Mais
lorsqu'on l'accompagne, on doit marcher très lentement.

6. En général, quand le maître introduit quelqu'un dans sa

Pl. I.—Visiteur et son suivant.

maison, il lui cède le pas et marche un peu en arrière. Un serviteur
de la maison marche en avant, portant ostensiblement la carte du
visiteur. Mais pour reconduire son hôte, le maître le précède. Cependant
cette prescription ne paraît point absolue ni générale.

7. Les manchettes de cérémonie, dites pied-de-cheval 馬蹄
袖 *ma-ti-sieou*, à cause de leur forme, ne sont rabattues que devant un

supérieur, ainsi que dans les visites officielles, et enfin quand on sacrifie.

8. Étant assis, on doit avoir les mains étendues dans les manches, sans laisser paraître les doigts ; et on maintient les mains disposées de la sorte tranquillement sur les genoux. (Pl. II.)

Pl. II.—Deux manières de s'asseoir.   Salut Kong-cheou.

9. On distingue deux manières de s'asseoir, savoir, à demi 半坐 *pan-tsouo* et en plein 滿坐 *man-tsouo*. Par *pan-tsouo* on entend s'asseoir sur le bord de la chaise, comme lorsqu'on est devant son supérieur :   car alors l'inférieur doit se lever, dès que le supérieur l'interroge sur quelque chose, et il ne peut se rasseoir, qu'après avoir répondu à la question qui lui était adressée.   Si cependant la réponse

était longue, et que les demandes fussent fréquentes, le supérieur ne pourrait se dispenser de faire asseoir son interlocuteur. On emploie la deuxième manière *man-tsouo* (s'asseoir à son aise, sans cependant transgresser les lois de la bienséance) entre égaux, avec ses inférieurs, et même avec les supérieurs, si on les visite en ami et non pas d'une manière officielle. (Pl. II.)

10. Il n'est point permis d'appuyer les coudes sur quoi que ce soit; à moins que dans le cours d'une visite pour affaires, cette posture ne soit exigée par les affaires que l'on traite.

11. Il est clair que l'on ne peut croiser les pieds, ni à plus forte raison les jambes, sans blesser la plus simple politesse.

12. Les inférieurs ne peuvent point porter leurs lunettes devant les supérieurs. Dans le cas de nécessité, comme par exemple quand on doit lire quelque chose, au moment même, on en demande tacitement la permission en montrant les lunettes; on les prend ensuite. Dès que la nécessité n'existe plus, on est obligé de les ôter de nouveau.

13. Quant aux jambes et aux pieds, lorsqu'on est assis ou debout, il ne faut ni les écarter, ni les trop rapprocher; en cela la nature renseignera mieux que la politesse étudiée. Lorsqu'on est assis seulement à demi, les pieds ou plutôt les bottes seront naturellement couvertes de la partie inférieure de la robe, sans cependant qu'il soit permis de ramasser les pieds par derrière.

Pl. III.—Tso-i et Kong-cheou.

CHAPITRE DEUXIÈME

DES SALUTATIONS

1. On distingue six sortes de salutations, à savoir : 拱手, 俯首, 肅立, 作揖, 打叩, 稽首 ou 叩頭.

2. La première 拱手 *kong-cheou*, consiste à élever l'extrémité des manches à la hauteur du front, de la bouche, ou au moins du menton, selon le degré de respect dû à la personne que l'on salue, les deux mains restant soigneusement cachées dans les manches. Ce

salut n'est employé qu'envers les égaux, et encore n'a-t-il lieu que dans les circonstances moins solennelles, et, pour ainsi dire, de chaque moment. Cependant, quelquefois la règle souffre exception; à table, par exemple, le serviteur présente-t-il du vin à un hôte, même supé-

Pl. IV.—Visiteur et maître de maison.

rieur en dignité au maître de la maison, celui-ci ne lui fait de loin que ce salut, quoique toujours il doive le faire debout. (Pl. III.)

  3. La seconde 俯首 *fou-cheou* qui n'est une cérémonie que dans le sens moins strict de ce mot, consiste en une inclination de tête, accompagnée d'un léger mouvement des épaules. Elle ne peut être employée qu'envers les égaux et les inférieurs; un supérieur la

fera, par exemple, lorsqu'il doit, à son passage, rendre un salut à des inférieurs qui lui font le 肅 立 *sou-li* ; car alors il est libre de faire le 拱 手 *kong-cheou* ou le 俯 首 *fou-cheou*. (Pl. IV.)

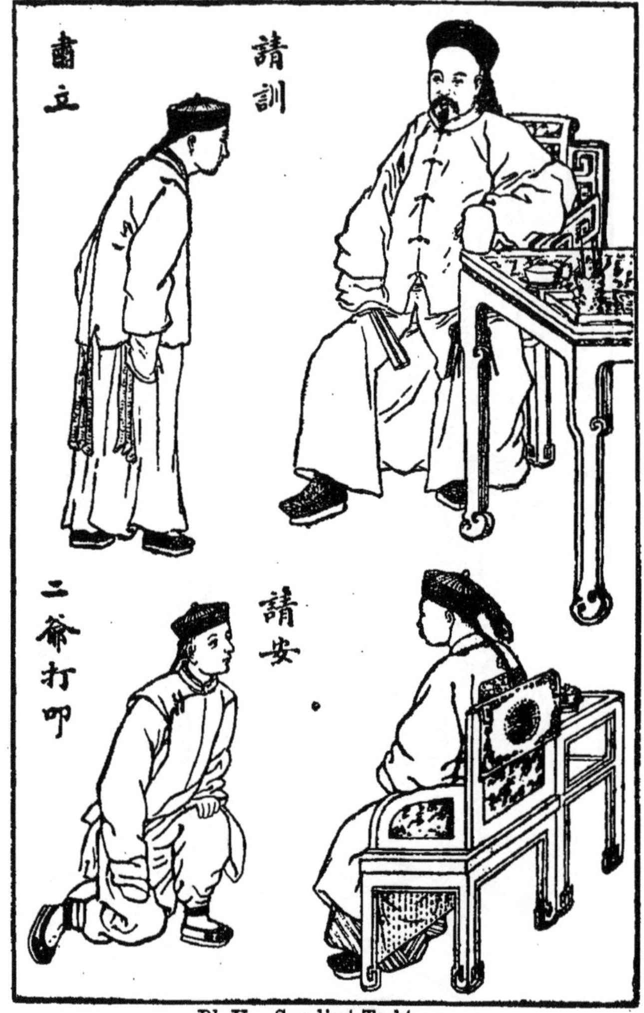

Pl. V.—Sou-li et Ta-k'eou.

4. La troisième salutation consiste en une révérence nommée 肅 立 *sou-li*. Elle consiste à rester debout, immobile, la tête un peu inclinée en avant, et les bras pendants. On l'emploie pour ses supérieurs, auxquels il n'est point permis d'adresser les deux premières espèces de salutations *kong-cheou* et *fou-cheou*. (Pl. V.)

5. 作 揖 *tso-i*, autrement dit 打 恭 *ta-kong*, consiste à courber le corps à peu près à angle droit, de sorte que les deux mains, complè-

tement cachées sous les manches, se rencontrent et s'unissent à la fin
de cette révérence, un peu au-dessous des genoux ; cela fait, on élève
les manches à la hauteur des sourcils, en même temps qu'on se
relève ; puis, en les rabattant tout doucement, on les sépare et on les

Pl. VI.—K'eou-t'eou et Kiao-pai.

laisse pendre d'une manière naturelle. (Pl. III, VI.) Cette salutation peut
être employée pour tout le monde, ses propres parents exceptés. C'est
e 賓主禮 *pin-tchou li*, cérémonie entre visiteur et maître de maison,
qui peut être employée même par un élève envers son maître dans les
relations ordinaires. Au nord, les plus grossiers paysans la font entre
eux, n'y eût-il qu'un seul jour qu'ils se fussent rencontrés. (Pl. IV.)

6.   La cinquième espèce de salutation 打叩 *ta-k'eou*, est une simple génuflexion ; elle n'est employée, paraît-il, que par les serviteurs, tels que les 二爺 *eul-yé* par exemple, envers leurs maîtres. Plusieurs affirment néanmoins qu'elle est faite aussi par les mandarins inférieurs

Pl. VII.—Rite du mariage.

(les sous-préfets, par exemple) envers quelqu'un des grands supérieurs directs (*Tao-t'ai, Fan-t'ai*), lorsqu'ils font le 請 安 *ts'ing-ngan* (souhaiter le bonjour). Les Européens n'ont pas à en faire usage. (Pl. V.)

7.   Enfin la sixième manière de saluer est une prostration dite 稽首 *ki-cheou*, ou 叩頭 *k'eou-t'eou*. Elle consiste tout d'abord à s'agenouiller à terre, puis à élever les deux manches jointes à leurs extrémités,

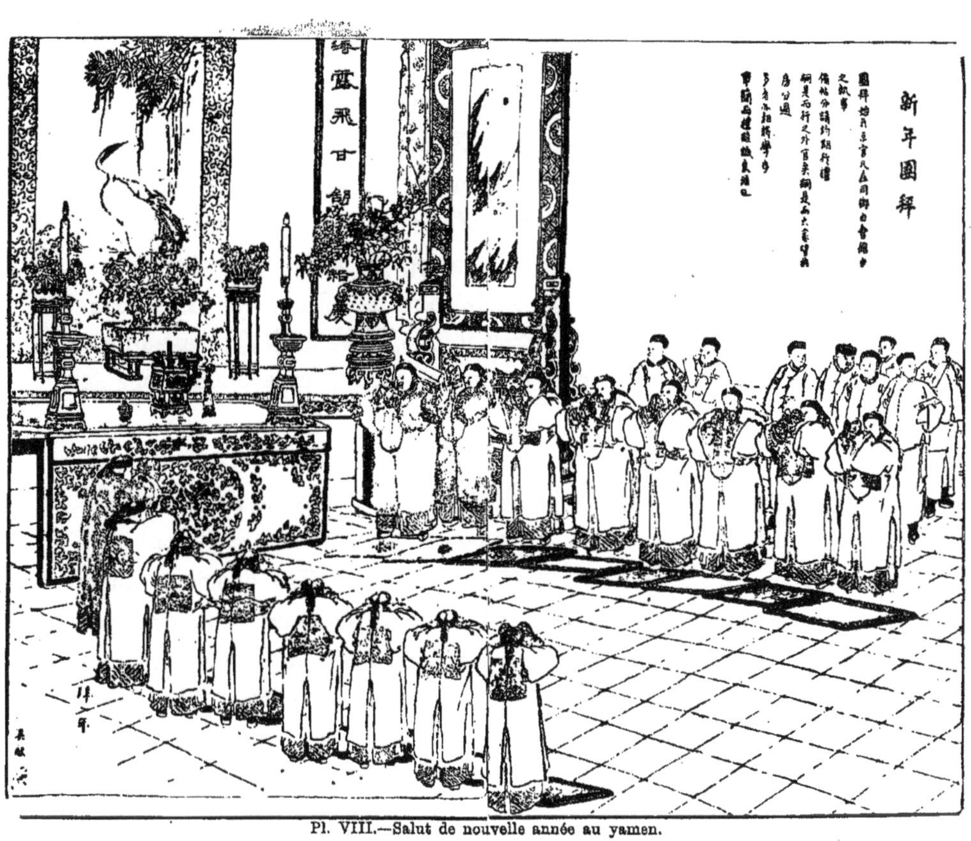

Pl. VIII.—Salut de nouvelle année au yamen.

avec les manchettes *ma-ti-sieou* rabattues, à la hauteur de la tête, qui s'abaisse alors profondément sans toucher cependant le sol. On relève enfin la tête, en séparant lentement les deux manches. (Pl. VI.) Cette révérence, la plus grande de toutes, est réservée pour des personnes déterminées et des circonstances tout à fait solennelles. Elle se subdivise en plusieurs classes.

8. La première est celle qui est réservée à l'Empereur en personne 朝見 *tch'ao-kien*, ou à sa tablette 拜牌 *pai-p'ai*. (Pl. X. et Pl. XI.) Elle se fait encore, quand on entend lire quelque ordonnance impériale 讀聖旨 *tou cheng-tche* (Pl. XII.), ou quand on fait la cérémonie dite 拜奏摺 *pai-tseou-tché* (salut pour l'envoi d'une supplique à l'Empereur). Elle consiste en neuf prostrations consécutives, après chacune desquelles on doit se relever 九跪九叩首. Cependant, quand on entend lire l'annonce de la mort de l'Empereur et de l'Impératrice 讀白詔, on ne fait, paraît-il, que 三跪九叩首; c'est-à-dire, qu'on fait trois prostrations, et à chacune d'elles, trois inclinations de tête profondes. (Pl. XI.)

9. La deuxième classe de 叩頭 *k'eou-t'eou* se compose de quatre prostrations distinctes 四跪四叩首. Le nouveau marié emploie cette salutation, qui constitue le rite essentiel du mariage civil, tant pour adorer Dieu, s'il est chrétien 拜堂 *pai-t'ang* (Pl. VII.), que pour saluer son épouse 交拜 *kiao-pai*. (Pl. VI.) J'ai dit, le nouveau marié: car la femme de son côté, ne fait dans chacune de ces deux circonstances qu'une prostration avec quatre inclinations de tête 一跪四叩首. (1)

10. La troisième classe consiste en une seule prostration avec quatre inclinations de tête 一跪四叩首: c'est ainsi qu'un fils doit saluer son père et sa mère dans certaines circonstances; par exemple, au premier jour de l'an 拜年 *pai-nien* (saluer l'année, Pl. VIII.); au jour anniversaire de leur naissance 拜壽 *pai-cheou* (saluer la longévité. P. IX.) Dans cette dernière circonstance, toutes les personnes qui viennent prendre part à la fête, doivent faire le même salut devant le caractère 壽 *cheou*, longévité. Cette prostration est encore employée par les enfants nouvellement mariés, qui demandent des instructions à

---

(1) En cette cérémonie du mariage *civil*, les époux païens font le salut, tournés vers le sud. Les chrétiens au contraire regardent le nord, ou plutôt, l'autel ou la table sur laquelle ils ont placé un Crucifix ou une autre image religieuse.

Pl. IX.—Fête des 70 ans.

leurs parents 請 訓 *ts'ing-hiun;* enfin par les élèves et par les apprentis qui saluent pour la première fois leurs maîtres ou leurs patrons 拜 先 生 拜 司 務 *pai sien-cheng; pai se-ou.*

11.   La quatrième est une prostration suivie de trois inclinations de tête seulement 一 跪 三 叩 首 : c'est le 庭 參 禮 *t'ing-tsan-li* (cérémonie du salut officiel à un supérieur), qui se fait lui-même de deux façons, suivant qu'il est suivi, ou non, de trois 作 揖 *tso-i.* Les préfets, sous-préfets 知 府, 知 縣 etc. quand ils visitent le vice-roi et le gouverneur 督 撫, font les trois 作 揖 *tso-i;* tandis que les mandarins tout à fait inférieurs, que l'on appelle 首 領 佐 雜 官 *cheou-ling tsouo-tsa koan* (employés supérieurs ou inférieurs), n'ont pas le droit de faire les 作 揖 *tso-i* devant ces supérieurs, non plus du reste qu'ils n'ont celui de s'asseoir en leur présence.

12.   La cinquième espèce de 叩 頭 *k'eou-t'eou* consiste en une seule prostration suivie d'un 作 揖 *tso-i.* C'est ainsi que l'élève salue son maître dans certaines circonstances solennelles, à l'exception toutefois de celle dont il a déjà été parlé plus haut.   Il paraît que les mandarins d'égale dignité et unis d'amitié, s'adressent mutuellement ce salut dans des circonstances plus solennelles, et quand ils se revoient après une longue absence; ils se tournent alors tous deux vers le nord.

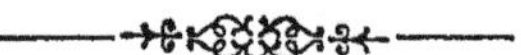

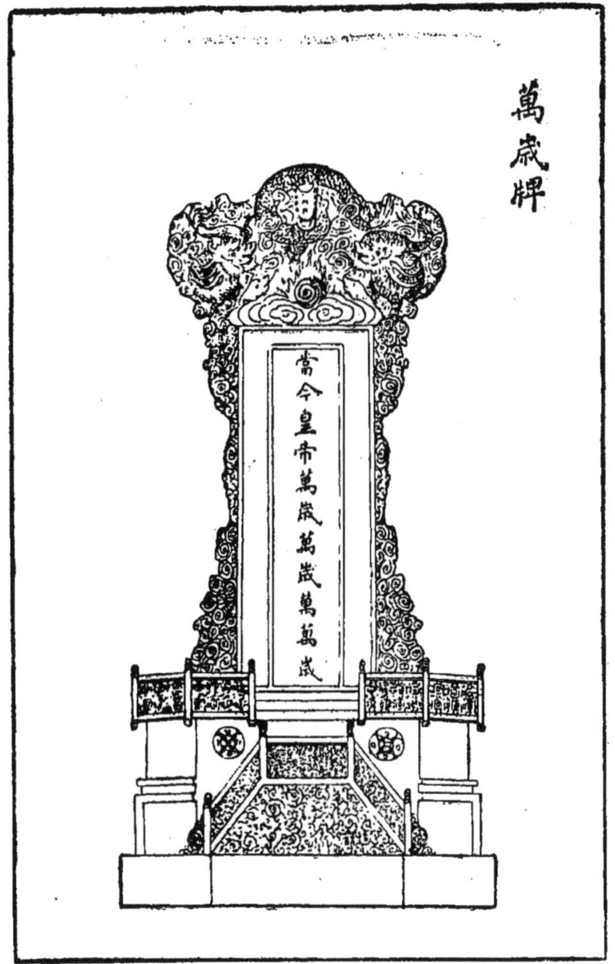

Pl. X.—Tablette de l'Empereur.

CHAPITRE TROISIÈME

DES SALUTS À RENDRE

1. L'Empereur, les parents 父母 *fou-mou* et les mandarins assis au tribunal 坐堂 *tsouo-t'ang* (Pl. XXX.) comme représentants officiels de l'Empereur, ne rendent point de salutation, ni en entier, ni en partie.

2. Ces cas exceptés, tous doivent rendre les saluts qu'ils reçoivent, soit en entier, soit au moins en partie. Ainsi, les vice-rois

et les gouverneurs 督 撫 *tou-fou*, lorsqu'ils sont salués par les mandarins tout à fait inférieurs 佐 雜 官, quoiqu'ils reçoivent leurs saluts
sans se lever de leurs sièges, sont tenus cependant de faire quelque
chose, par exemple, ils inclineront la tête et étendront un bras, comme

Debout.　　　　A genoux.　　　　Incliné.
Pl. XI.—Trois génuflexions, neuf inclinations.

pour s'excuser. De même, les maîtres rendent les quatre prostrations
des élèves, par quatre *tso-i*, qu'ils font debout à côté de leur siège,
malgré les invitations réitérées de s'asseoir que leur adresse la famille
de l'élève.

3. S'il s'agit des saluts échangés entre un hôte 賓 主 禮 *pin-*

Pl. XII—Lecture d'un édit impérial.

tchou li, lesquels consistent en simples *tso-i*, le maître doit rendre les saluts en entier, son visiteur fût-il d'une dignité beaucoup inférieure, ou même dépourvu de tout titre.

4. Vis-à-vis des personnes du sexe, les saluts se font et se rendent de la même manière que pour les hommes; l'on s'abstient toutefois à leur égard de ceux qui sentent un peu la familiarité, de l'inclination de tête par exemple; quant aux femmes, elles font à peu près les mêmes révérences, sans le *tso-i*, qu'elles remplacent par le 斂 衽 拜 *lien-jen pai* (salut avec les manches réunies). Pour faire cette révérence, elles prennent de la main droite le bord de la manche gauche du manteau, et font la révérence, en fléchissant un peu le corps. (Pl. VI.)

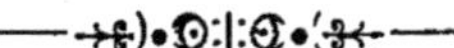

CHAPITRE QUATRIÈME

DES CAS OÙ L'ON PEUT S'ASSEOIR

---

1. Personne ne peut s'asseoir devant l'Empereur, non plus qu'en présence de ses représentants agissant officiellement. Les valets et les hommes de bas étage, 六色人等, ne peuvent non plus s'asseoir devant les maîtres. Les mandarins tout à fait inférieurs, 佐雜官, ne s'asseoient point devant les hauts fonctionnaires, tels que vice-rois et gouverneurs, dans les visites officielles. En dehors de ces cas, le maître doit toujours, par ses invitations, déterminer son hôte à s'asseoir, quand bien même ce dernier serait d'une condition beaucoup inférieure à celle du maître.

祭聖
丁祭盛儀

CHAPITRE CINQUIÈME

DES HABITS DE CÉRÉMONIE

Article 1ᵉʳ — DES CHAPEAUX

1. On distingue deux espèces de chapeaux de cérémonie 禮 帽 *li-mao* : le 朝 帽 *tch'ao-mao* et le 大 帽 *ta-mao*. Le 朝 帽 *tch'ao-mao*, chapeau de cour, varie comme le *ta-mao*, selon les saisons (Pl. XVIII.) ; l'on s'en sert dans les visites rendues à l'Empereur en personne (朝 見 *tch'ao-kien*) ; devant sa tablette (拜 牌 *pai-pai*) dans le palais 萬 壽 宮 *wan-cheou kong* (Pl. XI.) ; aux sacrifices de Confucius (祭 聖 *tsi-cheng*, Pl. XIII.) ; en prenant possession du sceau de sa fonction (接 印 *tsié-in*) ; toutes les fois que le mandarin doit envoyer quelque requête à l'Empereur, ou qu'il écoute la lecture de quelque décret ou ordonnance de Sa Majesté ; enfin quand le mandarin assiste à la cérémonie superstitieuse appelée 迎 春 *in-tch'oen*, aller audevant du printemps. Un mandarin défunt peut être enterré avec ce chapeau.

2. Ce chapeau ne se porte qu'avec la grande robe brodée 蟒 袍 *mang-p'ao* (Pl. XIX.) et les bottes de forme carrée 方 頭 靴 *fang-t'eou hiué*, dont nous parlerons bientôt (Pl. XVIII.). Du reste, de plus amples détails au sujet de cette coiffure offrent peu d'utilité, vu qu'elle n'est portée que par les mandarins.

3. Il y a un 大 帽 *ta-mao* d'hiver, *tong ta-mao*, et un d'été, 凉 帽 *liang-mao*.

Le chapeau d'hiver peut être en peau, en velours ou en soie. On se sert du premier vers la fin de la 10ᵉ lune jusqu'à la fin de la 1ᵉʳᵉ lune de l'année suivante. Le second sert durant les 2ᵉ et 10ᵉ lunes. Enfin on emploie le troisième le reste du temps, où l'on ne porte pas le chapeau d'été appelé 凉 帽 *liang-mao*, chapeau frais (Pl. XVIII.). Le chapeau d'hiver s'appelle 暖 帽 *noan-mao*, chapeau chaud.

4. Le chapeau d'été dont on se sert pour les cérémonies, doit être fait de soie et muni de fils de soie rouge. Pour prendre ce chapeau,

Pl. XIV.—Costume de Bachelier.

le mandarin supérieur du pays, le *tao-t'ai* 道 臺 par exemple à Chang-hai, promulgue, vers le commencement de l'été, 立 夏 *li-hia*, un arrêté ayant pour objet le changement en question (換 季 *hoan-ki*, changer la saison) ; il faudra un autre arrêté pour déposer ce chapeau vers le commencement de l'automne, 立 秋 *li-ts'icou*. Il n'y a pas de jour fixe pour ce changement, qui est réglé par le premier mandarin du pays, comme je l'ai déjà dit.

5. Outre ce chapeau d'été, 緯 帽 *wei-mao* (Pl. XVIII.), employé dans les circonstances ordinaires de cérémonie, il en existe un second plus commun, fait de rotin tressé, et dont les fils sont remplacés par des crins teints en rouge. Il peut être employé en voyage ; mais encore ne devrait-on point en user, si l'on devait visiter un grand personnage, à moins que l'on ne fût d'égale dignité avec lui. C'est le 凉 帽 *liang-mao* de la Pl. XVIII.

6. Cependant, pour les cérémonies funèbres, tout le monde se sert de ce second chapeau d'été ; il faut alors que les crins soient teints en noir. Ceci soit dit en passant ; car on traitera des vêtements de deuil dans un chapitre spécial.

Article 2ᵉ — Du Par-dessus 外 套 *wai-t'ao*. (Pl. XIX.)

1. Les par-dessus de cérémonie sont de deux couleurs. Les uns sont noirs ; on s'en sert pour les cérémonies funèbres et aux jours de deuil officiel que l'on nomme 忌 日 *ki-je*. Les autres sont tous de couleur bleu-ciel foncé, 天 青 *t'ien-ts'ing*. Les par-dessus en peau de zibeline 貂 *tiao*, sont réservés aux mandarins de 3ᵉ degré et au-dessus ; ils se portent toujours la peau en dehors.

2. Les étoffes pour faire ces par-dessus doivent être de satin (il en est de diverses espèces 緞 子, 寕 綢, 貢 綢 線 綢), et dans la saison d'été, de gaze 紗 *cha*. Le drap n'est pas une matière convenable, généralement parlant. Si quelquefois les grands mandarins, tels que vice-rois et gouverneurs, se servent de drap et parfois même de simple toile de coton, pour donner l'exemple de l'économie à leurs subordonnés, ils ne font qu'une exception à la règle.

3. Quant aux peaux, elles sont de différentes espèces. Celles de zibeline 貂 *tiao*, ne sont pas permises à tout le monde, comme il a été dit ; il faut observer cependant que l'usage des 貂 爪 子 *tiao tchao-*

Pl. XV.—Habits de cérémonie d'un mandarin.

tse (peaux sur lesquelles on voit des dessins ressemblant à des ongles; les Chinois disent que ce sont les traces des ongles de la zibeline) est permis à tous ainsi que celui des peaux de renard 狐狸皮 *hou-li p'i* (au plus fort du froid de l'hiver). Aux époques moins rigoureuses de

Pl. XVI.—Bouton des docteurs et licenciés.

l'année on se sert de 草上霜 *ts'ao-chang choang*, rosée sur l'herbe, peau d'un mouton de Mongolie; ou de 紫毛皮 *ts'e-mao-p'i*, poils violets. Ces dernières peaux sont cependant plus spécialement réservées pour les cérémonies funèbres (*). Si le froid était encore diminué, on se servirait de 飛 (灰) 鼠皮 *fei-chou p'i*, écureuil gris; 銀鼠皮

(*) Cf. Appendice I, Fourrures.

in-chou p'i, hermine; 珠皮 *tchou-p'i*; 猞猁猻 *ché-li-suen*, hybride du loup et du chien, animal ressemblant au renard ou au loup de Mongolie.

4. On prend les par-dessus ouatés ou doublés selon que l'on met les chapeaux en velours ou en soie : et avec le 凉帽 *liang-mao*, on porte le par-dessus en 紗 *cha*.

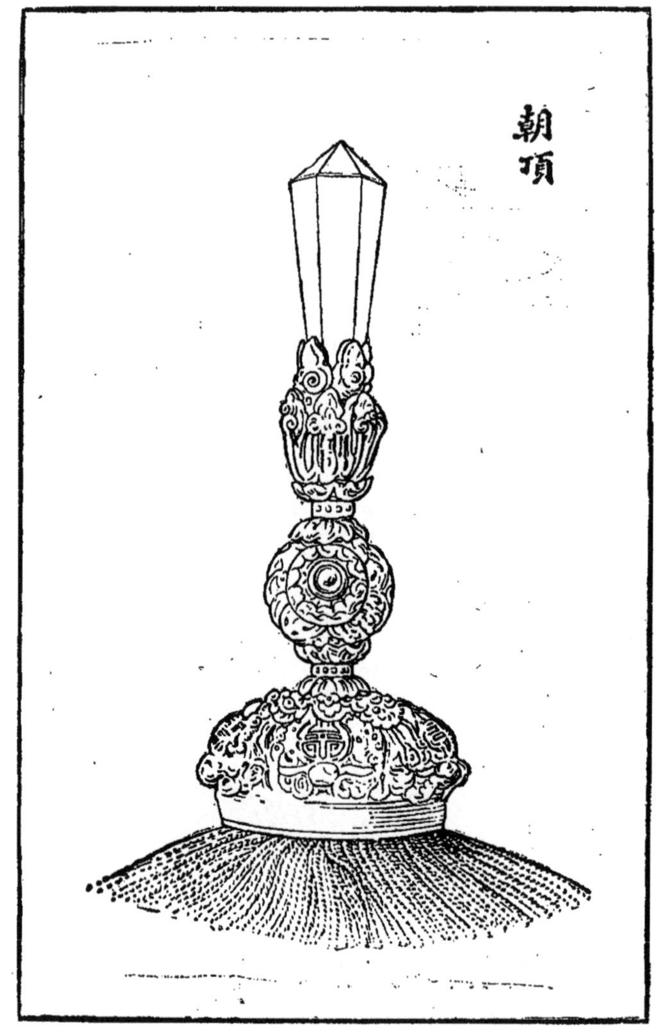

Pl. XVII.—Bouton du chapeau de cour.

5. Quand on est en campagne, ou même si on vit dans un camp, on est dispensé de prendre le par-dessus; de même quand on est en voyage, du moins parlant en général. Car il semble qu'un voyageur d'une dignité notablement inférieure devrait prendre le par-

2*

dessus pour visiter un grand mandarin, un vice-roi par exemple.

6. D'après quelques-uns, alors même que le visiteur viendrait en costume de voyage sans par-dessus de règle, le maître de la maison n'aurait pas le droit d'en faire autant pour le recevoir.

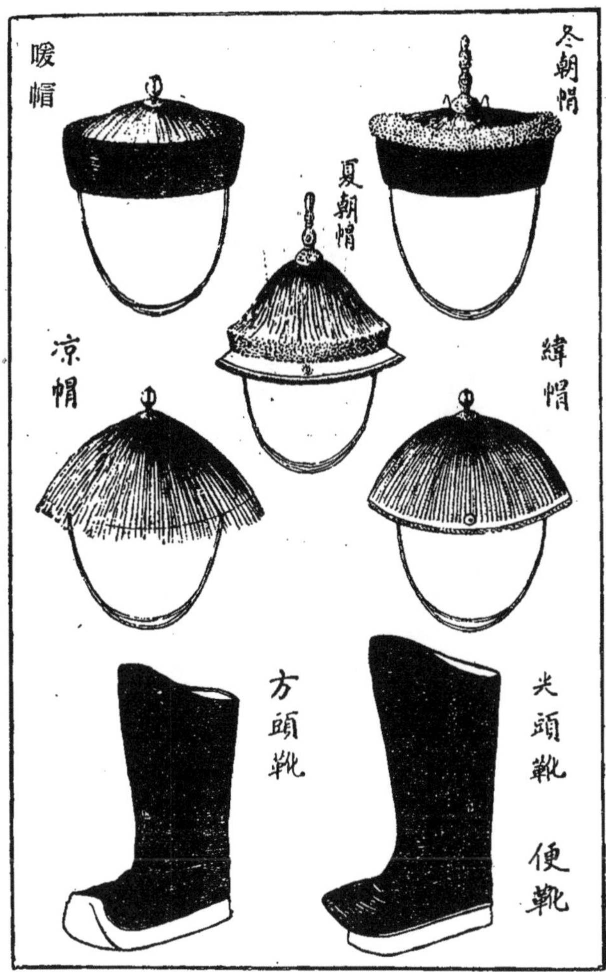

Pl. XVIII. — Chapeaux. Bottes.

De même, le maître rendra la visite avec les formalités ordinaires. La raison de cette conduite est que le voyageur est censé n'avoir point apporté avec lui tout le nécessaire, tandis que l'on n'en peut dire autant de celui qu'il visite. Bien entendu, si le visiteur respectait beaucoup le personnage qu'il visite, il ne prendrait pas cette liberté. D'un autre côté, si le maître est un grand personnage (un vice-roi ou un gouverneur par exemple), il ne sera point obligé de suivre cette règle, et dès lors il pourra prendre le même costume que le visiteur (*).

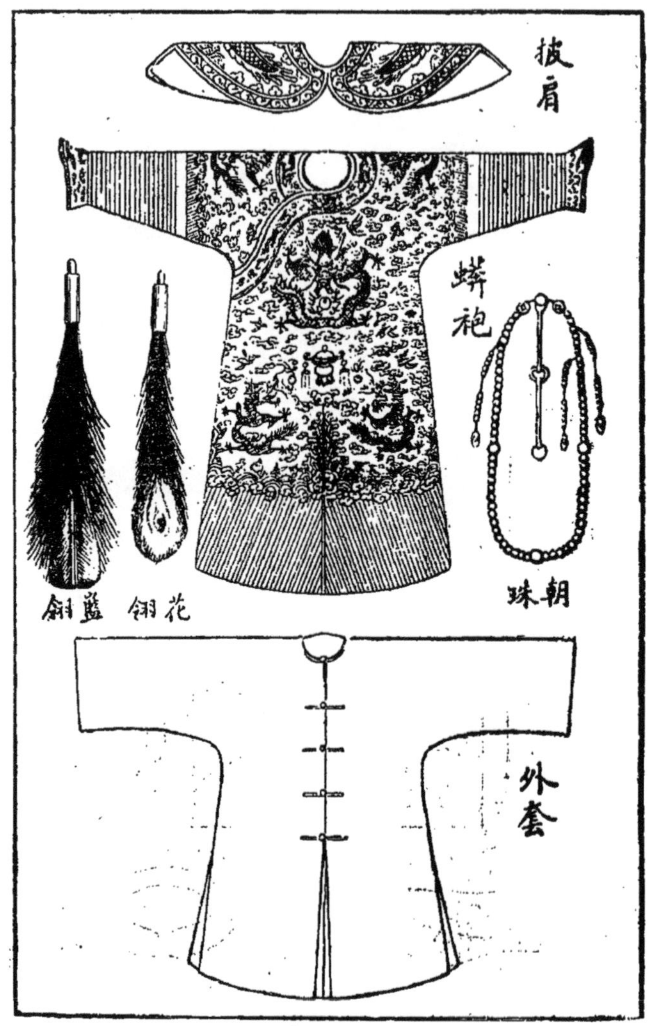

Pl. XIX.—Wai-t'ao, etc.

7. Pendant les grandes chaleurs de l'été, si la visite doit être tant soit peu longue, sur l'invitation du maître de la maison par la phrase consacrée 升冠 *cheng-koan*, on peut déposer le chapeau de

____

(*) Dans les visites familières il est permis de porter le 外套 *wai-t'ao* la peau en dehors.

cérémonie, et même quelquefois le par-dessus lui-même. En outre, si la chaleur est vraiment intolérable, on peut, pour la visite, remplacer le *wai-t'ao* par une simple ceinture 扣帶 *k'eou-tai* (Pl. XX.) dont on parlera plus tard.

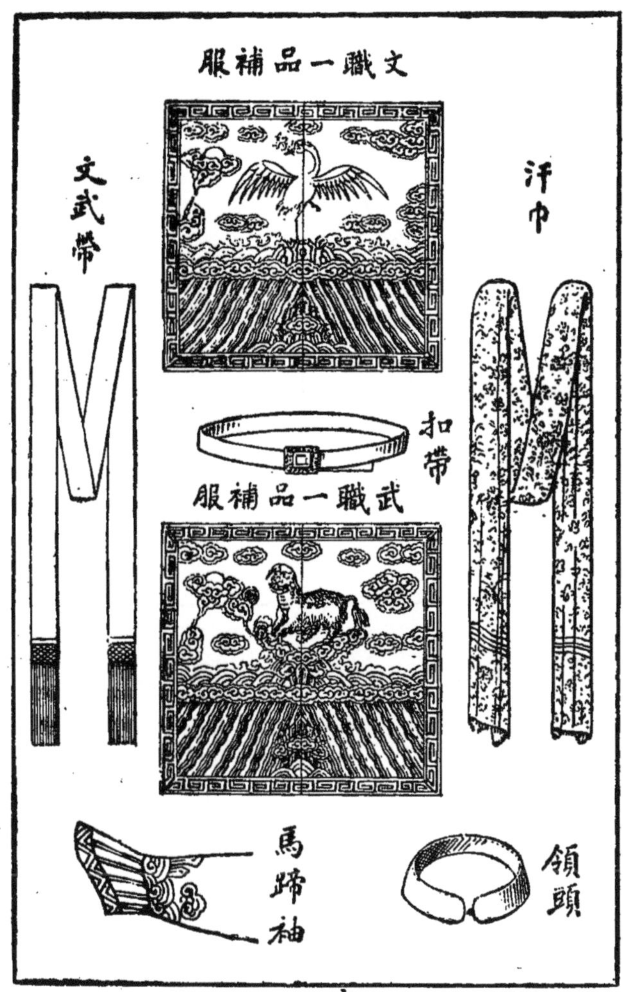

Pl. XX.—Rational. Ceinture. Manches. Col.

*Article 3*ème — DU SURTOUT COURT 馬褂子 *ma-koa-tse.*

1. Dans les visites ordinaires et en costume un peu négligé, et quand on est en voyage, il est permis de remplacer le *wai-t'ao* par le *ma-koa-tse*, espèce de surtout court, qui doit

être, généralement parlant, en soie (Voir les différentes espèces énumérées plus haut, art. 2, page 22).   Quelquefois cependant, on les fait en drap : mais alors les manches doivent être longues 長袖 *tch'ang-sieou* (Pl. XXIII.), et les manches courtes 方袖 *fang-sieou* ne seraient pas admises.   Ajoutons encore que cette mode, qui se répand de jour

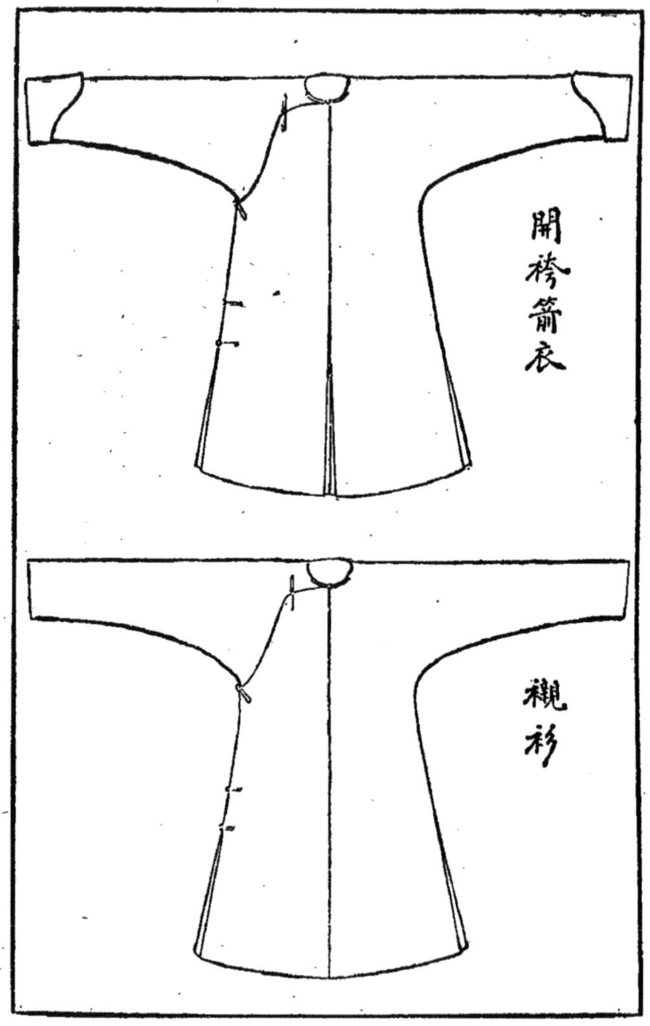

Pl. XXI.—Robe extérieure, robe intérieure.

en jour, sent néanmoins un peu le négligé.   Quant à la doublure du *ma-koa-tse*, elle doit être toujours en soie, alors même que le dessus serait de drap seulement.

2. L'étoffe, quelle qu'en soit la qualité, doit être couleur bleu de Prusse foncé, 天 青 *t'ien-ts'ing;* quant à la couleur de la doublure, il y a quelque liberté, mais on emploie généralement le bleu clair et l'on évite des couleurs trop vives, le rouge par exemple.

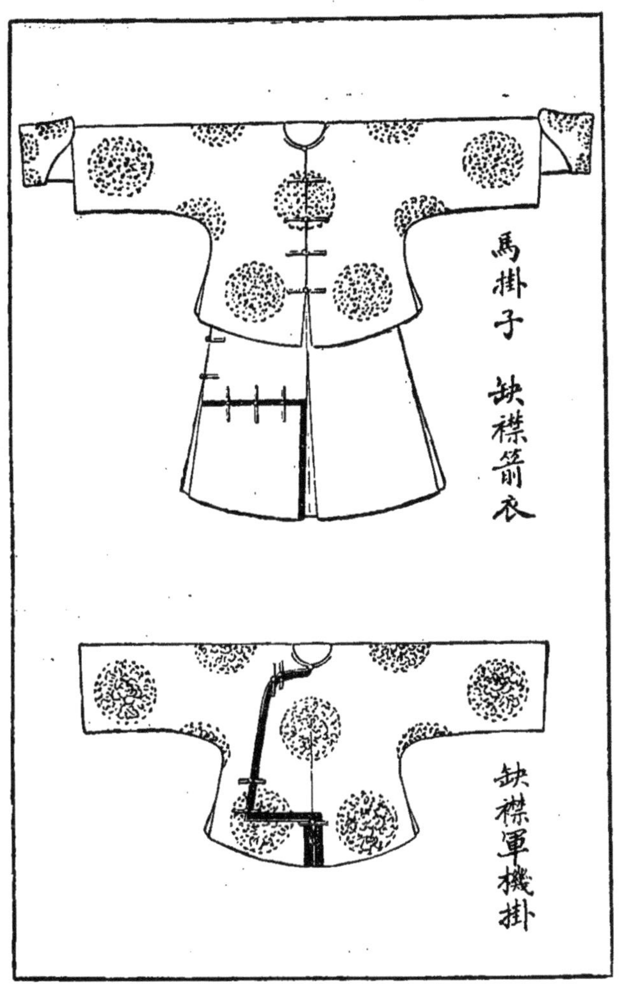

Pl. XXII.—Robe extérieure et Surtout.

3. Actuellement, le *ma-koa-tse* doit se boutonner sur le milieu 對 襟 *tei-kin,* bords réunis (Pl. XXIV.). Celui que l'on boutonne sur le côté, 軍 機 馬 掛 *yun-ki ma-koa* (Pl. XXII.), habit militaire, est plus négligé.

4. Il faut remarquer en outre qu'on ne peut employer ce vêtement pour visiter les mandarins locaux, ni les hauts dignitaires ; ce costume serait un indice d'une trop grande liberté. Néanmoins, dans les cas où on le prend, on peut par là même porter la peau en dehors, si la saison prescrit l'usage de la peau, comme elle le prescrivait pour le *wai-t'ao*.

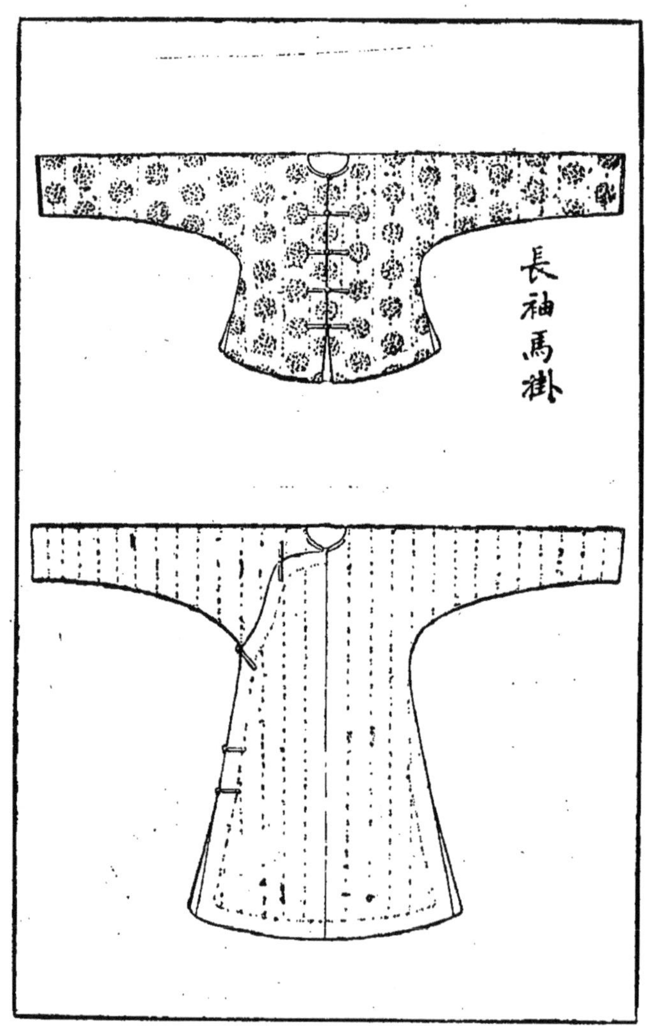

Pl. XXIII.—Robe. Surtout.

Article 4ème —De la Robe extérieure 箭衣 *ts'ien-i*.

1, Le *ts'ien-i*, habit des archers, est toujours ouvert en avant et en arrière (Pl. XXI.), dans la partie inférieure de l'habit, 開袴

k'ai-k'oa. Les manchettes, dites *ma-ti-sieou*, y sont jointes comme complément nécessaire. (Pl. XX.)

2. Il existait autrefois une espèce de *ts'ien-i*, connu sous le nom de 鋏襟箭衣 *k'iué-kin ts'ien-i*, habit auquel il manque un morceau. La Pl. XXII montre ce morceau rattaché par des

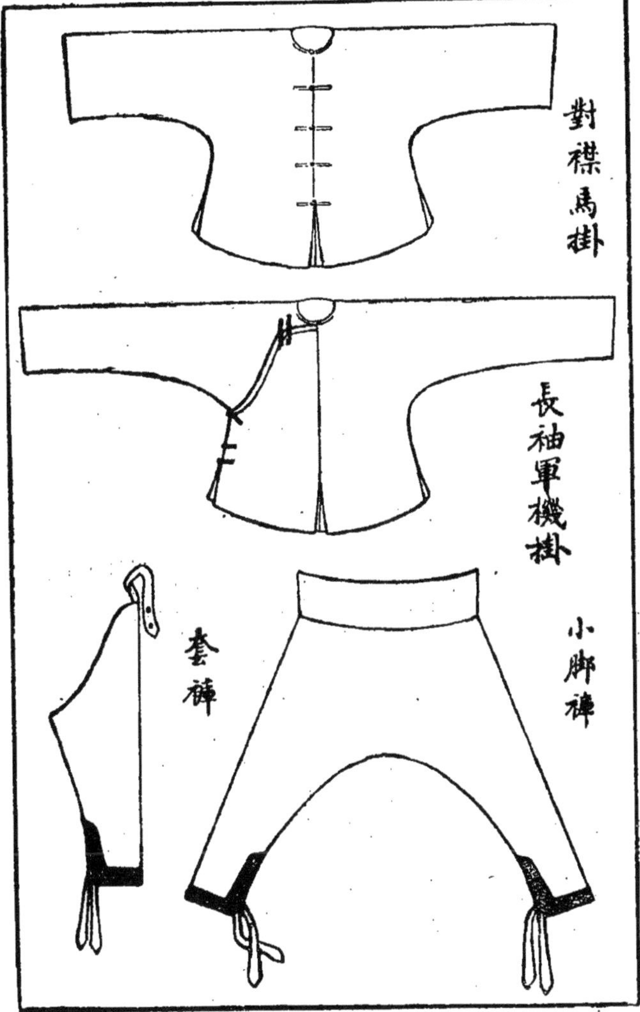

Pl. XXIV.—Surtouts. Pantalons.

boutons au reste de la robe : il manque complètement au *ma-koa-tse.* L'absence de ce morceau rend plus facile aux militaires les exercices d'équitation ; aussi cette robe est-elle celle des militaires, comme la *ts'ien-i* ordinaire est celle des lettrés.

On portait autrefois cet habit en voyage, mais cet usage,

paraît-il, est de fait aboli. Pour les visites moins solennelles, en guise de *tsien-i* on peut prendre une robe ordinaire 襖 *ngao*, faite avec des étoffes employées pour les *tsien-i* proprement dits et à laquelle on ajoute une paire de manchettes (Pl. XXIII.).

3. Régulièrement, les étoffes pour faire un *tsien-i* en règle doivent être en soie. Les différentes espèces sont 線綢 *sien-tcheou*, 寧綢 *ning-tch'eou*, 貢綢 *kong-tch'eou*, 摹本緞 *mo-pen-toan*; et pour l'été, 葛紗 *ko-cha*, 葛綢 *ko-tcheou*, 直紗 *tche-cha*, 亮紗 *liang-cha*. Les tissus appelés 廣東哆囉嗎 *koang-tong tou-lou-ma*, paraissent être admis depuis quelque temps. Pour les *tsien-i* fourrés, on se sert des peaux de 狐狸 *hou-li*, renard; 貂皮 *tiao-p'i*, zibeline; 銀鼠 *in-chou*, hermine; 飛鼠 *fei-chou*, écureuil; 珠 *tchou*, agneau (*).

4. L'étoffe pour faire les manchettes *ma-ti-sieou* est la soie de couleur bleu clair 月藍 *yué-lan*, pour les *tsien-i* ouatés, doublés, et même simples; pour les *tsien-i* en gaze, les manchettes doivent être en soie de couleur blanche ou plutôt blanchâtre; enfin les manchettes des *tsien-i* fourrés sont en peaux de 貂 *tiao*, zibeline; 海龍 *hai-long*, veau marin; 騷鼠 *souo-chou*, putois (?); 獺 *t'a*, loutre (**). On emploie seulement l'hermine, si les *tsien-i* sont faits en peaux de 珠 *tchou*.

5. Pour ce qui regarde la robe entièrement brodée du nom de 蟒袍 *mang-p'ao*, qui tient lieu de *tsien-i* ordinaire, notons que l'on peut quelquefois la prendre sans le 朝帽 *tch'ao-mao*, chapeau de cour, dont nous avons fait mention dans l'article premier de ce chapitre; tandis qu'on ne peut jamais prendre le *tch'ao-mao* sans la robe *mang-p'ao* ou 朝裙 *tch'ao-kiun*.

6. Toutes les fois que l'on porte cette robe, on prend comme complément nécessaire une espèce d'huméral aussi brodé, désigné sous le nom de 披肩 *p'i-kien* (Pl. XIX.).

N.B. A Chang-hai on dit bien *tsien-i;* en mandarin, c'est 袍子 *p'ao-tse*.

Article 5ème—De la Robe intérieure 襯衫 *tch'en-chan*.

Au-dessous de la robe dite *tsien-i*, on doit en mettre une autre plus petite que l'on nomme 襯衫 *tch'en-chan*. Elle doit être en soie, mais de n'importe quelle couleur, le rouge éclatant et le noir exceptés.

____

(*). V. Appendice I, Fourrures, Soieries.
(**) V. App. I.

Il faut en outre remarquer : premièrement, que la couleur doit toujours différer de celle du *tsien-i* ; et secondement, que la couleur blanche ne peut jamais.aller avec un *tsien-i* fourré. D'ailleurs cette robe peut être simple ou doublée, avec ou sans manches ; ces détails sont laissés libres (Pl. XXI.).

Article 6ème — Des Bottes 靴 *hiué*.

Les bottes de cérémonie sont de deux espèces ; à tête carrée 方頭靴 *fang-t'eou hiué*, et a tête pointue 尖頭靴 *tsien-t'eou hiué*. Cette seconde espèce serait mieux nommée 便靴 *pien-hiué*. Les *fang-t'eou hiué* exigent nécessairement le *mang-p'ao* sus-mentionné, mais non vice-versa. Les bottes ordinaires, *pien-hiué*, sont de stricte nécessité, toutes les fois que l'on prend des habits de cérémonie ; elles sont facultatives dans toutes les rencontres tant soit peu solennelles ; parfois même on peut s'en servir avec des habits tout à fait ordinaires (Pl. XVIII.).

Article 7ème — De la Ceinture 帶 *tai*.

Régulièrement, la ceinture est celle que l'on nomme 扣帶 *k'eou-tai* (Pl. XX.) ; et les deux crochets qui sont aux extrémités de cette ceinture doivent être d'une matière moins commune que le cuivre ; ils seront, par exemple, en imitation de pierre précieuse, c'est à dire en 料 *liao*, strass, imitation de jade, ou quelque autre matière semblable. Cette ceinture, *k'eou-tai*, est de rigueur avec les robes simples et d'été ; avec les autres, on peut la remplacer par une ceinture en soie convenable 汗巾 *han-kin* (Pl. XX.). De plus, depuis un certain temps, on se sert d'une ceinture tissée de soie, nommée 文武帶 *wen-ou tai*, vulgairement 匾帶 *pien-tai*, à la place du *k'eou-tai*, lorsqu'on prend les robes doublées et ouatées (Pl. XX.).

Article 8ème — Du Collet 領 *ling*.

Un mot seulement sur le collet 領 *ling*. Il doit toujours être dur ; il peut être en fourrure, en velours, en soie, selon la qualité des autres habits (Pl. XX.).

N.B.—Pour les insignes mandarinaux tels que globules 朝頂 *tch'ao-ting* (Pl. XVII.) ; plastrons honorifiques 補服 *pou-fou* (Pl. XX.) ;

queues d'honneur 翎子 *ling-tse* (Pl. XIX.) ; chapelets d'honneur 朝珠 *tch'ao-tchou* (Pl. XIX.) ; je les passe complètement sous silence, comme étant inutiles aux Européens.

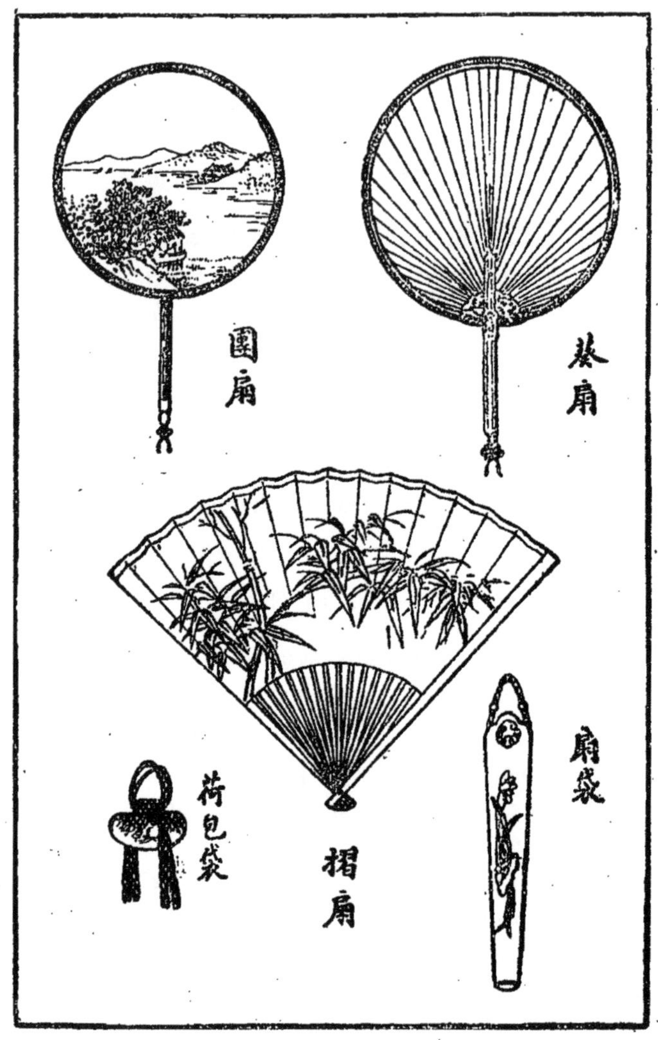

Pl. XXV.—Éventails.

QUELQUES REMARQUES SUR LES HABITS

EMPLOYÉS DANS LES VISITES MOINS SOLENNELLES.

1. Tout ce que nous venons de dire sur les vêtements, n'est applicable qu'aux visites officielles et solennelles faites aux mandarins et aux personnes d'un haut rang. Quant aux visites plus simples, rendues

aux notables ordinaires du pays, par exemple, ou à des familles riches, on peut parfaitement se dispenser de tout cet étalage d'habits, et se contenter du costume simple et ordinaire.

2. Cependant même dans ces visites, si l'on tient à se conformer aux usages chinois actuels, et à éviter ce qui paraîtrait plus particulièrement choquant, il serait à désirer que l'on portât le bouton rouge et non point le violet sur la calotte ; que l'on tînt à la main l'éventail propre à la saison: c'est-à-dire un 摺扇 *tché-chan* (éventail qui peut se plier, Pl. XXV.) tant que l'on ne porte point la robe d'été ; et, quand l'on prend cette dernière, l'éventail fait de feuilles de palmier 葵扇 *k'oei-chan*, plus convenable que le 貢扇 *kong-chan*, vulgairement dit 團扇 *t'oan-chan* (Pl. XXV.). En outre, les souliers de drap, surtout quand ils n'ont qu'une seule ligne 靴鞋 *hiué-hiai*, paraissent quelque peu étranges. Les *ma-koa-tse* doivent être assortis au reste ; ils pourraient cependant être d'un degré immédiatement supérieur (c'est-à-dire plus chauds que les robes). Ainsi le *ma-koa-tse* fourré ne peut se porter que sur les robes fourrées, ou au moins ouatées : un surtout doublé ne peut aller ni avec une robe ouatée ni avec une robe d'été. Sur ces dernières robes, on ne peut porter aucun surtout, pas même celui de 羽毛 *yu-mao* ; de même, pendant ce temps, on est obligé d'avoir la tête nue. Les jambières 套褲 *t'ao-k'ou* (Pl. XXIV.) faites de l'étoffe légère 夏布 *hia-pou*, ne peuvent convenir qu'à ces robes d'été.

3. En tout cas, il est important d'éviter dans l'usage des habits un certain sans-gêne, qui choquerait à juste raison les personnes bien élevées. Pour cet effet, je me contente de citer quelques exemples de défauts à éviter: ne pas porter les jambières 套褲 *t'ao-k'ou* ou la culotte longue dite 小脚褲 *siao-kio k'ou* (Pl. XXIV.); porter un cache-nez ou un mouchoir autour du cou ; porter la robe d'été de couleur jaune ordinaire, dite 哆囉嗎 *tou-lou-ma*, qui est, paraît-il, celle des serviteurs et des hommes de bas étage ; ne pas boutonner sa robe ou son surtout ; etc. etc.

CHAPITRE SIXIÈME

DE LA SALLE DE RÉCEPTION.

1. Nous désignons par là uniquement la salle où se font les cérémonies d'usage, et non point les salles judiciaires où les mandarins jugent les causes en litige, c'est à dire 大堂 *ta-t'ang* et 二堂 *eul-t'ang*. Or il existe deux espèces de salle de réception.

2. La première s'appelle 正廳 *tcheng-t'ing*; elle se trouve en ligne droite avec la porte d'entrée principale 正門 *tcheng-men*, et elle est composée de trois pièces, 三間 *san-kien*. En cela, elle diffère et du 花廳 *hoa-t'ing*, qui est la deuxième espèce de salle de réception, dont nous parlerons tout à l'heure; et du 客堂 *k'o-t'ing*, qui est construit aussi en ligne droite avec la porte d'entrée, mais qui se compose d'une seule pièce 一間 *i-kien*, ayant à droite et à gauche deux chambres complètement distinctes et séparées, dites 次間 *ts'e-kien*. En dehors de ces salles, on pourrait en avoir bien d'autres : les 書房 *chou-fang* (bibliothèque, cabinet de travail), les 旱船 *han-tch'oan* (pavillon construit en forme de barque, où l'on se réunit pour causer, prendre le thé, s'amuser etc., autrement dit 凉廳 *liang-t'ing*, 便廳 *pien-t'ing*, 門廳 *men-t'ing*), etc. Mais comme il n'y a rien de fixe pour les orner, je me contente de donner le plan qui présente à peu près l'ensemble de tous ces bâtiments (Pl. XXVI.).

3. Voici maintenant comment il faut orner la première salle. D'abord, vis-à-vis de la porte d'entrée de la salle, on suspend ordinairement au mur (ou plutôt à la cloison traditionnelle, composée de grandes portes à deux battants presque perpétuellement fermées), à la hauteur voulue, une peinture représentant le plus souvent un panorama quelconque, un paysage, ou quelque autre sujet semblable 軸子 *tchou-tse* (Pl. VII.). On place à droite et à gauche une paire d'inscriptions verticales 對聯 *toei-lien* (Pl. VII.). Au-dessus du tableau principal, on met une inscription ordinairement horizontale,

dite 匾 額 *pien-ngo*; au-dessous, on dispose une table oblongue d'une forme déterminée, appelée 條 几 *t'iao-ki* ou 天 然 几 *t'ien-jan ki*, qui doit être appuyée contre la cloison sus-mentionnée. Sur cette table, on met d'un côté un vase de fleurs 花 瓶 *hoa-p'ing* (Pl. IV.);

Pl. XXVI.—Maison chinoise, vue à vol d'oiseau.

et de l'autre, un objet d'ornementation quelconque, ordinairement un miroir 插 鏡 *tch'a-king*, ou une pierre résonnante 磬 石 *k'ing-che*, etc. Au milieu, on n'est point obligé de mettre quoi que ce soit; on peut le faire cependant. Au devant de cette table oblongue et en contact immédiat avec elle, on met une, ou encore mieux, deux tables carrées 方臺 *fang-t'ai*, autrement dites 方桌 *fang-tcho* ou 八仙桌 *pa-sien tcho* (*), sur lesquelles on ne peut rien poser. Quelquefois elles sont remplacées par une table d'une seule pièce, aussi oblongue, dite 董桌 *tong-tcho*. A droite et gauche de cette ou des ces tables, on place deux grands fauteuils chinois à dossier et bras arrondis 栲栳椅 *k'ao-lao i*, autrement dits 太師椅 *t'ai-che i*; ou bien à dossier et bras carrés 全十景椅 *ts'iuen-che-king i*. Puis, presque en ligne parallèle avec les deux colonnes, un peu en arrière, à une distance voulue, six autres grands fauteuils de la même forme que les deux précédents. Ces six sièges, trois de chaque côté, alternent avec quatre tables à thé 茶几 *tch'a-ki*, soit oblongues, soit carrées, ce qui serait plus conforme à la mode actuelle. Aux pieds de ces tables, on met ordinairement autant de crachoirs, soit en métal, soit en porcelaine. Ensuite on place deux grands tabourets carrés 大方杌 *ta-fang ki*, appuyés contre les deux colonnes, ou contre la porte d'entrée, un peu à l'écart. Régulièrement, on ne met rien au milieu de la salle; mais si elle était fort grande, on pourrait placer entre la porte d'entrée et les deux rangées de chaises, une table ronde 圓臺 *yuen-t'ai* (Pl. XXVIII.), ou une table oblongue dite 董桌 *tong-tcho*. Aux deux côtés de la salle, on peut mettre contre le mur, au milieu, une table semicirculaire 半圓臺 *pan-yuen-t'ai* (Pl. XXVIII.), ou un grand canapé 炕牀 *k'ang-tch'oang* (Pl. XXVIII.). Il est également permis de placer un canapé d'un côté, une *pan-yuen-t'ai* de l'autre; ou enfin une *pan-yuen-t'ai* d'un côté et une table carrée de l'autre. Toutes ces combinaisons sont laissées à la liberté de chacun et à ses moyens pécuniaires. Sur ces tables, on peut mettre quelques objets précieux ou de curiosité, comme pendule, pot de fleur etc.; aux deux côtés des tables, l'usage permet de mettre symétriquement des fauteuils moins

---

(*) *Pa-sien tcho*, table des huit génies. De fait, aux banquets ordinaires, on s'assied à huit, autour de cette table carrée. Pourquoi huit *génies ?* Les buveurs s'appliquent le nom de *génies du vin* 酒仙 *tsieou-sien*. Ce nom est employé pour la première fois au temps des 北宋 *Pé-Song*, 960 — 1127 P. C., et fait allusion aux huit fameux buveurs et poètes, dont voici les noms :

李白, 賀知章, 李適之, 汝陽王璡, 崔宗之, 蘇晉, 張旭, 焦遂.
(Cf. 通俗編 et 唐書李白傳)

Ces génies s'appellent 酒八仙 *tsieou-pa-sien* et diffèrent des huit génies proprement dits des Taoïstes, qui sont :

鍾離權, 張果, 曹國舅, 何仙姑, 李元中, 藍采和, 韓湘, 呂嵒.
(Cf. 讀書紀數略)

grands, appelés 半 十 景 *pan-che-king*, ou de simples chaises, 單 靠 *tan-k'ao*, autrement dites 一 字 椅 *i-tse i*. Dans un des coins et au fond de la salle, on place ordinairement un 石 臺 *che-t'ai* ou 石 面 桌 *che-mien tcho* (Pl. XXVIII.), espèce de tabouret, surmonté d'une épaisse et grande brique dite 京 磚 *king-tchoan* (Pl. XXVIII.), destinée à recevoir lampes, briquets, et autres objets semblables. Si on voulait mettre des inscriptions verticales sur les colonnes, on devrait pendre aux colonnes de devant les inscriptions verticales en bois, et de forme convexe 抱 柱 對 *pao-tchou tei*; tandis qu'aux deux autres colonnes on met ordinairement des inscriptions verticales de forme plane 硬 對 *ing tei*; à côté du tableau principal, au-dessus de la table oblongue, on pend ordinairement celles de papier 紙 對 *tche-tei*. On pourrait évidemment mettre bien d'autres ornementations tout autour des

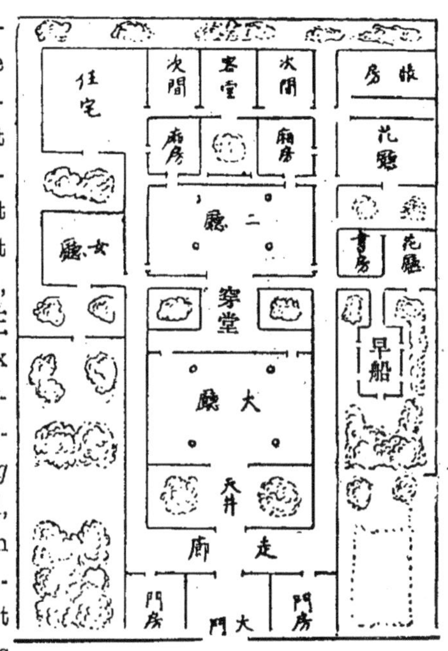

Pl. XXVII.—Plan par terre d'une maison chinoise.

murs de la salle, etc.; mais elles ne sont pas exigées par l'usage, je les passe donc sous silence: d'ailleurs il n'est point possible d'énumérer toutes ces combinaisons, qui varient plus ou moins avec les pays.

4. Les jours ordinaires, on peut laisser les tables et les chaises sans ornements; pour les visites ordinaires, on met des coussins; et dans les grandes circonstances, on met en outre sur chaque chaise une espèce de draperie dite 椅 披 *i-p'i*. De plus, à la table qui se trouve au devant de la table oblongue 天 然 几 *t'ien-jan ki*, on attache dans les circonstances solennelles une espèce de tenture, appelée 桌 圍 *tcho-wei* ou 椅 搭 *i-ta*. Cette tenture pendante doit être attachée sur le côté parallèle à la veine du bois. Aussi, avant de l'attacher, il faut d'abord tourner la table, qui, aux jours ordinaires, est placée de façon à présenter le fil du bois perpendiculairement à la porte d'entrée.

5. La matière pour faire les coussins 坐 褥 *tsouo-jou*, les 椅 披 *i-p'i*, et les 桌 圍 *tcho-wei*, est le 呢 *ni*, drap, ou 嗶 嘰 羽 毛 *pi-k'i*

yu-mao, et doit être de couleur rouge.   Seulement, les coussins pour la saison d'été doivent être en cuir 香牛皮 *hiang-nieou p'i*, ou en tresses de 佳紋草 *kia-wen ts'ao*, ou 龍鬚草 *long-sou ts'ao*.   Nous parlerons plus tard des décorations de deuil.

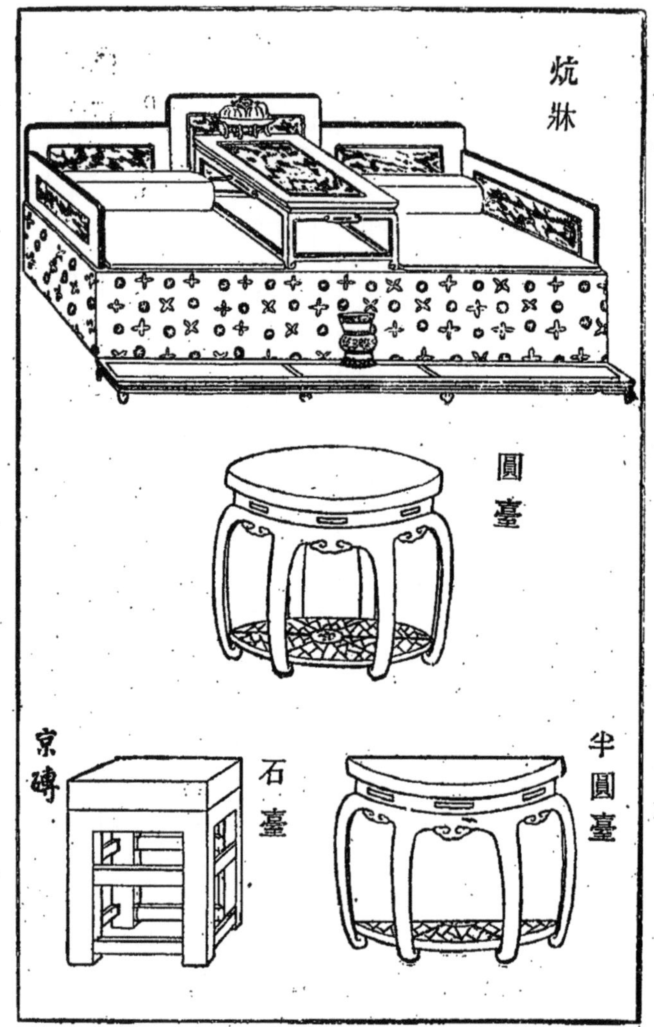

Pl. XXVIII. Canapé, tables, tabouret.

6.   Les deux premiers fauteuils, qui se trouvent des deux côtés de la table carrée, doivent être inoccupés dans les visites; et c'est pourquoi la première place est le premier des fauteuils alignés du côté gauche; la deuxième, le premier fauteuil du côté droit, et ainsi de suite.

7.   La place du maître de la maison doit être ordinairement la dernière : aussi s'il y avait six visiteurs, le maître s'assiérait sur un des tabourets carrés placés de l'autre côté des colonnes de devant : s'il y a plus de six visiteurs, on tâchera de trouver autant de fauteuils de même grandeur et de même forme, et on les placera sur la même ligne que les autres.

8.   Pour rendre la chose plus claire, je vais mettre sous les yeux du lecteur la figure suivante.

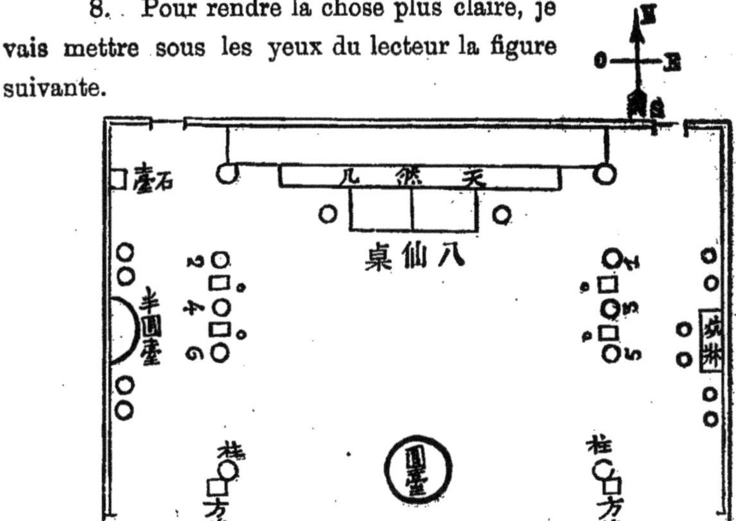

9.   Pour l'orientation de la deuxième espèce de salle, dite 花廳 *hoa-t'ing*, il n'y a rien de fixe, si ce n'est qu'elle ne se trouve point en ligne droite avec la porte d'entrée.

10.   Son ameublement est à peu près le même, sauf les différences suivantes. 1° : Au lieu d'une ou de deux tables carrées devant le 天然几 *t'ien-jan ki*, on place un grand canapé nommé 炕牀 *k'ang-tch'oang* (Pl. XXVIII.). 2° : Devant le canapé, à une distance raisonnable, on place une table ronde entre les deux rangées de chaises. 3° : Au lieu de mettre six fauteuils au milieu, on n'en met que quatre ; et les quatre autres sont placés au pied du mur, des deux côtés. De plus, on peut appuyer deux tables contre les murs latéraux, ou contre ceux de la porte d'entrée. 4° : Les fauteuils du milieu doivent être aussi de grande forme, soit 全十景 *ts'iuen-che king*, soit 半十景 *pan-che king* ; quant aux simples chaises, 單靠 *tan-k'ao*, elles ne peuvent être placées que le long du mur, comme dans la grande salle 正廳 *tchen-t'ing*. 5° : Au-dessous

du tableau de règle 軸子 *tchou-tse*, sur le 天然几 *t'ien-jan ki*, entre le pot de fleur et l'objet d'ornementation, on doit mettre deux cylindres nommés 帽架 *mao-kia*, un de chaque côté ; ils sont destinés à recevoir les chapeaux de cérémonie. 6° : Entre ces deux cylindres et le pot de fleur d'un côté, l'objet d'ornementation de l'autre, on place deux chandeliers dits 爉籖 *la-ts'ien* (Pl. XI.). Voici la figure.

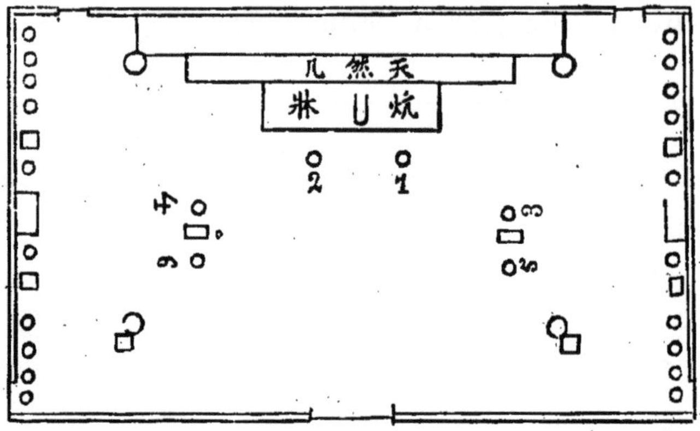

CHAPITRE SEPTIÈME

DU PALANQUIN OU DE LA CHAISE.

————

1. Les palanquins se distinguent par la différence des couleurs ; ceux de drap sont rouges, verts ou bleus ; les autres, en toile de
coton, sont noirs ou bleus.

2. Les chaises rouges, plus ou moins brodées de soie
et de fils d'or 花 轎 *hoa-kiao* (Pl. XXIX.), ne sont employées
que pour la nouvelle mariée. Elles sont portées ordinairement par
quatre hommes ; ceux-ci toutefois peuvent être plus nombreux : pas de
loi dans ces circonstances du mariage. Les chaises vertes en drap
綠 呢 轎 *lou-ni kiao*, sont réservées aux mandarins du deuxième
degré et au-dessus. Elles sont portées par quatre hommes au moins :
les chaises à huit porteurs et huit aides 八 擡 八 扶 *pa-t'ai pa-fou*,
sont celles des vice-rois, des gouverneurs et des ambassadeurs en charge, quelle que soit leur dignité personnelle 頂 戴 *ting-tai*, abstraction
faite de l'ambassade. Pour les chaises d'autres couleurs, tout le
monde peut s'en servir, si les moyens pécuniaires le permettent. Cependant il est à remarquer que les bordures, qui se trouvent au bas
de la chaise, si elles sont de couleur rouge sans mélange, sont
réservées aux mandarins du quatrième degré et au-dessus. De plus,
l'usage de quatre porteurs est réservé aux mandarins proprement dits,
ou du moins à ceux qui, s'ils sont dans l'attente d'un poste mandarinal 候
補 官 *heou-pou koan*, sont déjà arrivés dans la province à laquelle ils
sont destinés 到 省 *tao-cheng*, et sont reconnus authentiquement par
le gouverneur de la province.

3.   Pour les insignes mandarinaux 儀仗 *i-tchang*, tels que parasol d'honneur 寶蓋 *pao-kai*, et autres qui accompagnent pour ainsi dire la chaise quand les mandarins sortent officiellement; comme ce

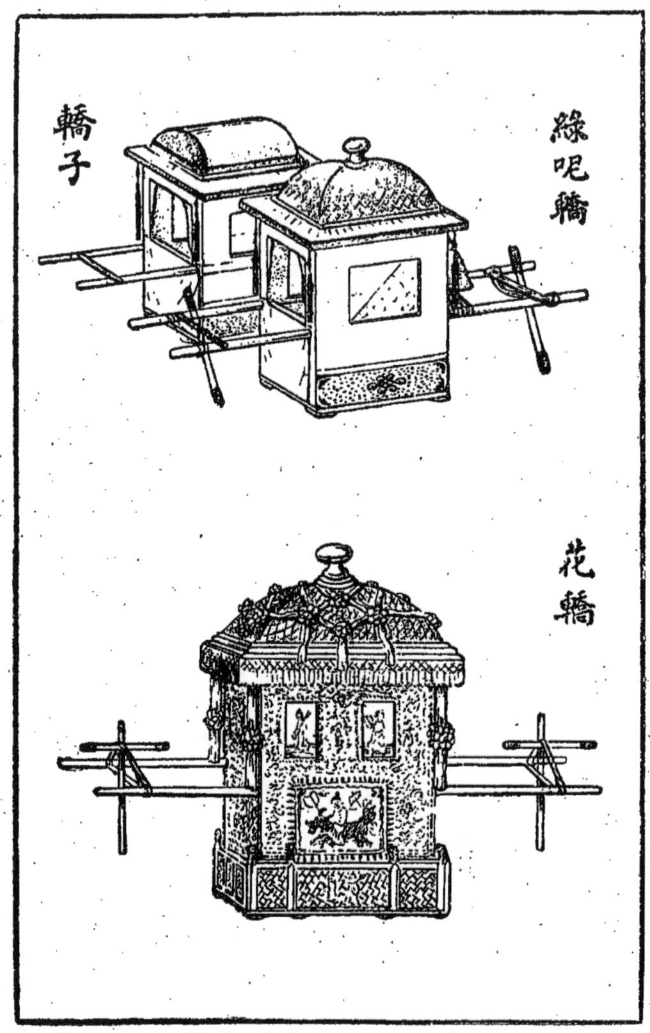

Pl. XXIX.—Chaises à 2, 4 porteurs; chaise de mariée.

sont des choses qui ne conviennent pas aux Européens, je crois pouvoir les passer sous silence sans aucun inconvénient (Pl. XXXI.).

Pl. XXX.—Mandarin siégeant à son tribunal.

CHAPITRE HUITIÈME

DU CHEVAL.

———

1. Tout le monde peut monter à cheval, excepté les mandarins qui sortent officiellement. Car, dans ce cas, les mandarins civils
ne peuvent aller à cheval, au moins en règle générale ; par contre, les
mandarins militaires sont obligés de sortir à cheval, excepté seulement
les généraux 提 督 *ti-tou*, et 總 兵 *tsong-ping*, autrement dits 提 臺
ti-t'ai, et 鎮 臺 *tchen-t'ai*, qui ont la liberté de voyager comme ils veu-
lent, soit en chaise, soit à cheval.

2. Quand on est à cheval, on devrait par respect mettre pied
à terre à la rencontre des grands personnages. L'on fait de même,
quand on traverse des rues ou des endroits très fréquentés.

CHAPITRE NEUVIÈME

DES VISITES À FAIRE 往 拜 *wang-pai.*

———

1. On peut faire une visite à quelqu'un pour différentes raisons : par motif de simple politesse ou d'étiquette, au nouvel an 賀 新 年 *ho-sin-nien*, pour des noces 賀 喜 *ho-hi*, et des funérailles 弔 喪 *tiao-sang* ; pour des anniversaires de naissance 賀 壽 *ho-cheou* ; à certains jours de l'année 賀 節 *ho-tsié*, tels que le cinquième jour de la cinquième lune, et le quinzième jour de la huitième lune ; et enfin pour des affaires à traiter.

2. De ces différentes espèces de visites, il n'y a que la première (visite d'étiquette), la deuxième (visite de nouvel an), et la dernière (visite d'affaires), qui aient besoin d'être mieux étudiées. Il pourrait arriver que l'on eût des cadeaux à envoyer dans des circonstances exceptionnelles ; mais cela n'entraîne aucunement la visite rendue en personne 親 拜 *ts'in-pai* ; du reste, nous aurons l'occasion de parler de ces cadeaux un peu plus tard.

3. Mais comme les règles à observer sont presque toutes communes à toute espèce de visite, sauf quelques détails propres à chacune d'elles, je tâcherai de donner ici ces règles générales, auxquelles j'ajouterai à la fin les détails particuliers.

4. D'abord il n'est point d'usage de prévenir du jour et de l'heure des visites 訂 拜 *ting-pai*, celles pour affaires exceptées. Si donc, dans les ports de commerce, avec les étrangers, on fait le contraire pour les visites officielles, ce n'est qu'en vertu d'une convention toute particulière et pour écarter tout malentendu.

5. Pour faire une visite officielle, il convient, autant que possible, d'avoir au moins deux valets 二 爺 *eul-yé*, dont l'un, porteur de la carte de visite 執 帖 *tche-t'ié*, ou 投 帖 二 爺 *hi-t'ié eul-yé* (Pl. VIII.),

doit précéder le maître; et l'autre, valet de corps 長隨 *tchang-soei*, ou 貼身二爺 *t'ié-chen eul-yé* (Pl. I.), ayant le droit d'aller partout où va le maître, le suit immédiatement. Ce dernier, si son maître est un personnage fort respectable, doit aller en chaise; cette chaise, qui sera de simple toile de coton, doit suivre immédiatement celle du maître,

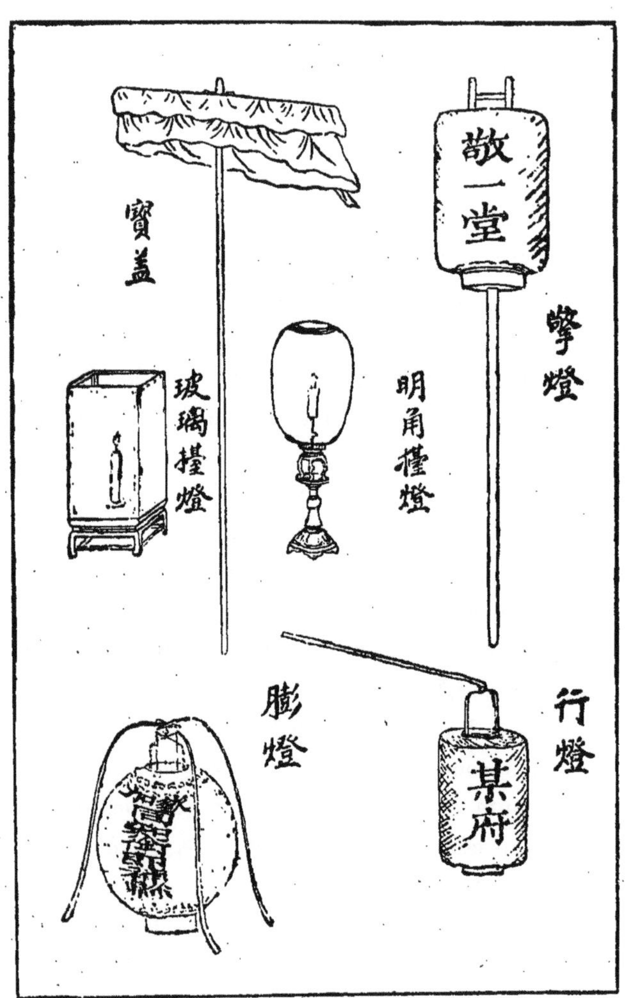

Pl. XXXI.—Lanternes. Parasol.

même s'il y avait plusieurs autres chaises de visiteurs qui dussent compléter le cortège. Cependant, pour un simple missionnaire, un seul domestique suffirait et remplirait le double office dont nous venons de parler.

6. Avant d'arriver, le serviteur porteur de la carte 執帖 *tche t'ié*, doit hâter le pas pour prévenir de l'arrivée de son maître, en donnant au portier, outre la carte de visite 京片 *king-p'ien* (*), un 帖子 *t'ié-tse* (Pl. XXXIII.), aussi appelé 全柬帖 *ts'iuen-kien t'ié*; ces deux objets doivent être en papier de couleur rose 旭梅 *hiu-mei*, autrement dit 桃紅紙 *t'ao-hong tche*, et non pas de couleur rouge foncé 放丈紅 *fang-tchang hong*. Le 全柬帖 *ts'iuen-kien t'ié*, est composé de douze feuilles, ou plutôt de dix feuilles et de deux bandes de papier aux deux extrémités. Sur chacune de ces dix feuilles, on peut faire écrire une dénomination différente; ces titres varient suivant le degré de respect que le visiteur doit à celui qu'il visite; on écrirait par exemple 愚弟, 愚教弟, 晚生 .... 某某頓首拜 *yu-ti, yu-kiao ti, wan-cheng .... meou-meou, tchoen-cheou pai*, votre pauvre frère cadet; votre rustique frère en religion; moi lettré méprisable .... un tel, inclinant la tête, salue! A la visite, le serviteur doit présenter la feuille sur laquelle est exprimée la dénomination qui convient dans la circonstance. Il est à remarquer en effet qu'il y a de la différence entre toutes ces qualités exprimées. Ainsi l'expresion 愚弟 *yu-ti*, est relevée, et un simple missionnaire ne pourrait l'employer vis-à-vis de mandarins tels que préfets, etc.; il prendrait mieux celle de 愚教弟 *yu-kiao ti*, ou quelque appellation semblable. Si le visiteur était un inférieur direct, 下屬 *hia-chou*, de celui qu'il visite, à la place des 京片 *king-p'ien* et 全柬帖 *ts'iuen-kien t'ié*, il ne présenterait qu'une espèce de libelle 手本 *cheou-pen*, dans lequel la dignité du visiteur est exprimée en petits caractères. Si, sans être à proprement parler supérieur direct 上司 *chang-se*, celui auquel se fait la visite était cependant un homme que des raisons spéciales rendraient digne de respect, on présenterait au lieu du 手本 *cheou-pen*, du 全柬帖 *ts'iuen-kien t'ié*, et du 京片 *king-p'ien*, une autre espèce de carte dite 銜名片 *yen-ming p'ien* écrite avec de tout petits caractères 小楷 *siao-kiai*, comme pour le 手本 *cheou-pen*. Mais ni le *cheou-pen*, ni le *yen-ming p'ien*, ne paraissent devoir servir aux Européens, vu qu'ils sont toujours considérés comme des hôtes proprement dits 賓 *pin*. Ainsi ils peuvent se contenter du 全柬帖 *ts'iuen-kien t'ié*, avec la carte de visite 京片 *king-p'ien*. A propos de cette carte de visite, il est bon de noter que

---

(*) *King* ou *Ming-p'ien* 名片.

(炭片) *Ming-p'ien* ou *King-p'ien.* Petit format. (p. 50).

名片（京片）*Ming-p'ien ou King p'ien.* Grand format. (p. 50).

完卿行二

專誠拜謁
不作別用

ses caractères doivent avoir une mesure moyenne ; elle serait, dit-on, à peu près de trois centimètres, ce qui vaut presque 1 pouce 7 du pied chinois 官尺 *koan-tch'c* (0ᵐ858). De plus, il faut adopter, pour le papier dont on se sert, le format ordinaire ; l'usage du grand format paraîtrait prétentieux. Je n'ai rien dit d'une grande carte de visite dans le genre du 銜名片 *ycn-ming p'ien*, mais qui a de grands caractères imprimés au milieu de la page depuis le sommet jusqu'au bas. Elle est d'un usage exclusivement international, et est absolument inusitée dans les relations ordinaires. Seulement comme cette espèce de carte remplace, ce me semble, le libelle sus-mentionné 全柬帖 *ts'uen-kien t'ié*, celui-ci n'aurait plus sa raison d'être quand, avec la carte de visite, on présente aussi l'autre.

7. Enfin le visiteur arrive en chaise à la grande porte de la maison. On y fait seulement arrêter la chaise sans la déposer. Alors, si le maître de la maison n'est pas visible, un serviteur viendra vous dire solennellement l'invariable phrase : 擋駕 *tang-kia* (votre char a été arrêté). Dans ce cas, le visiteur n'a qu'à revenir sur ses pas (Pl. XXXII.). Si, au contraire, on vous invite à entrer par la phrase consacrée 請進 *ts'ing-tsin*, à moins que le visiteur ne soit très inférieur en dignité au maître de la maison ou qu'il soit son inférieur direct, il pénètre dans la maison : et on dépose la chaise dans la première salle que l'on rencontre en entrant. Si on va chez les mandarins, on se fait conduire ordinairement jusqu'à la première salle de justice 大堂 *ta-t'ang* (Pl. XXX.), devant l'estrade nommée 煖閣 *noan-ko*, autrement dite 麒麟閣 *k'i-lin ko*, à cause de la licorne (animal de bon augure) peinte au fond de cette estrade, où il y a une porte à deux battants 麒麟門 *k'i-lin men*. C'est là que le visiteur sort de sa chaise ; et s'il est un homme considérable, de dignité supérieure ou égale à celle du maître, ou s'il vient comme hôte et non comme subordonné direct, il montera les degrés de l'estrade et la traversera ; autrement, la porte du fond de l'estrade lui étant fermée, il sera obligé de passer du côté droit. Dès qu'il verra le maître de la maison, soit sur l'estrade, soit plus loin, il fera un *tso-i*, le visage tourné vers le nord. Ce *tso-i* est toujours le même pour tous et en toute occasion : c'est un simple salut, dont on doit se contenter pour le moment, en attendant que l'on arrive à la salle où on devra faire la cérémonie en règle. Après ce *tso-i*, le visiteur

n'a qu'à suivre le porteur de la carte, en marchant à droite du maître.

8. Arrivé à la salle de réception, le visiteur fera les saluts selon les exigences de l'étiquette, et d'après les règles données plus haut (Chapitre II). Invité à prendre place, il le fera sans trop insister pour décliner l'honneur. Alors, on apporte le thé sans retard. Le maître vous présentera lui-même la tasse à thé, ou il la fera apporter par un des domestiques, selon le rang de dignité que vous occupez, et la mesure de respect qu'il vous doit. En tout cas, le visiteur doit se lever et faire au maître le *kong-cheou*, pour répondre à sa politesse. Ensuite, quand le maître de la maison soulèvera un peu le couvercle de sa tasse à thé, comme pour inviter le visiteur à boire, celui-ci en fera autant, sans que ni l'un ni l'autre boivent en ce moment. Alors la conversation s'engage.

9. On ne peut demander à son interlocuteur ni son nom de famille 姓 *sing*, ni son nom propre 名 *ming*, puisque l'un et l'autre sont supposés connus, et se trouvent sur la carte de visite. On peut demander le 號 *hao*, par les formules usitées 請 敎 太 甫, 請 敎 雅 篆, 請 敎 大 號 *ts'ing-kiao t'ai-fou, ts'ing-kiao ya-tchoen, ts'ing-kiao ta-hao;* et la personne interrogée doit répondre : 豈 敢 ou 不 敢, 草 字 某 某 *k'i-kan ? pou-kan, ts'ao-tse meou-meou.* Cette demande a de l'utilité. Car quand on aura besoin d'appeler son interlocuteur, on pourra prendre le premier caractère du *hao*, et lui adjoindre le mot 翁 *wong*, (vénérable vieillard) : supposons, par exemple, que l'une des personnes présentes se nomme 鵬 飛 *p'ong-fei*, l'autre pourra l'appeler 鵬 翁. Cependant si le nom restait ignoré, on pourrait prendre l'appellation commune 老 兄 *lao-hiong*. En outre, les Européens pourraient prendre vis-à-vis des mandarins les formules beaucoup plus commodes 貴 縣, 貴 府, 貴 道 *koei-hien, koei-fou, koei-tao*, etc.; ils ne doivent jamais employer les formules 老 爺, 大 老 爺, 大 人; *lao-yé, ta-lao yé, ta-jen*, parce que ce sont les appellations des sujets vis-à-vis de leurs maîtres. Enfin, pour se désigner soi-même, on dit 兄 弟, ou 做 兄 弟 的 *hiong ti, tso-hiong-ti ti.* Avec les mandarins, si on a des affaires officielles à traiter, on ne demande d'ordinaire ni l'âge ni autre chose semblable. Mais si la conversation était un peu familière, on pourrait demander l'âge de son interlocuteur en disant : 請 敎 貴 庚 *ts'ing-kiao koei-keng*, si celui-ci est encore jeune ; s'il est déjà avancé

en âge, d'une cinquantaine d'années par exemple ou au-dessus, on dirait 請 敎 高 壽 *ts'ing-kiao kao-cheou*; et l'autre répondra 不 敢, 虛 度 *pou-kan, hiu-tou*, tant, par exemple trente, cinquante. Dans de pareilles circonstances, il est permis de demander aussi à son interlocuteur combien il a d'enfants; on dirait: 有 幾 位 少 爺 *yeou ki-wei chao-yé*, si c'est à un *lao-yé* qu'on adresse la demande; et si c'est un *ta-jen*, on dira: 有 幾 位 公 子 *yeou ki-wei kong-tse?* L'autre répondra: 豈 敢, 小 兒 有 .... 個 *k'i-kan? siao-cul yeou .... ko.* Pour demander le nombre des frères, on pourra prendre cette formule: 賢 昆 仲 有 幾 位 *hien koen-tchong yeou ki-wei ?* Pour répondre, on dit: 不 敢, 做 兄 弟 的 弟 兄 有 .... 個 *pou-kan, tso hiong-ti-ti ti-hiong yeou .... ko.* Pour le reste de la conversation, il est impossible de donner des formules d'avance : la chose dépendra des circonstances de temps, de lieu, et des affaires à traiter.

10. A la fin de la conversation, celui qui le premier veut lever la séance, et c'est ordinairement le visiteur, prendra avec les deux mains la tasse de thé avec le support, sans soulever le couvercle de la tasse, et la portant à sa bouche, il boira seulement quelques gouttes de ce thé, à deux ou trois reprises presque consécutives : l'autre en fera autant de son côté : c'est là le dernier acte de la visite. On se lève alors, sans qu'on ait besoin de rien dire ; on fait un *tso-i*, et le maître de la maison accompagne le visiteur plus ou moins loin selon le degré de respect qu'il lui doit. En sortant, aux portes principales, par exemple, aux 堂 檐 下, 屛 門, 儀 門 *t'ang-tchan-hia, ping-men, i-men*, le visiteur doit s'arrêter un instant, et courbant un peu le corps, il invitera par un petit geste du bras le maître de la maison à rentrer chez lui. Le maître fera de même, s'il veut encore faire la conduite. Enfin arrivés à l'endroit voulu, tous font un *tso-i*, et se séparent. Si le maître de la maison a accompagné ou précédé le visiteur jusqu'à la chaise, c'est à côté d'elle que doit se faire le *tso-i* d'adieu. Enfin, sur l'invitation du maître, le visiteur monte en chaise ; mais au bord de la chaise, avant de s'asseoir, le visiteur fait encore un *tso-i*, auquel le maître doit répondre. La visite est finie.

N.B. Régulièrement parlant, dans ces visites on n'offre point de goûter, si ce n'est entre amis intimes ; même dans ce cas ne le fera-t-on qu'aux heures ordinaires du goûter, c'est à dire, à peu près de trois heures jusqu'à cinq. Le goûter que l'on fait dans les visites internationales, doit être regardé comme une exception à la règle. Mais dans les cas où on sert un goûter, on peut servir aussi, outre les desserts, un peu de vin et même de la viande. De même, dans ce cas, on peut quitter le *wai-t'ao*, et prendre un *ma-koa-tse* avec un chapeau simple, après avoir déposé le chapeau de cérémonie.

Pl. XXXII.—Tang-kia : Monsieur n'y est pas.

11. Pour les visites de nouvel an, on peut agir de plusieurs manières. La première consiste à envoyer seulement sa carte par un serviteur, 差 拜 *tch'ai-pai ;* elle ne mérite guère le nom de visite, et

n'est pratiquée dans le monde qu'envers les personnes peu connues. La deuxième manière consiste à faire une tournée en personne, il est vrai, mais sans demander à être introduit ; l'on se contente de remettre sa carte, tout en prévenant de sa venue. La troisième, c'est la visite que l'on fait en personne et en demandant à voir le maître, 請會 *ts'ing-hoei*. De quelque façon que l'on fasse cette visite de nouvel an, on ne présente que la carte 京片 *king-p'ien*, sans le 全東帖 *ts'iuen-kien t'ié*, et par suite sans le 銜名片 *yen-ming p'ien* international, qui remplace le *ts'iuen-kien t'ié* ordinaire.

12. Enfin, quand la visite se fait pour affaires, on convient d'avance du jour et de l'heure de la visite, 訂拜 *ting-pai*, comme cela a été dit ailleurs.

CHAPITRE DIXIÈME

DES VISITES À RECEVOIR 接拜 *tsié-pai*.

---

1. Prévenu de l'arrivée d'un visiteur, si le maître de la maison ne veut pas ou ne peut pas le recevoir, il doit faire faire le 擋駕 *tang-kia* par un serviteur (Pl. XXXII.). En tout cas, il fait rendre le 全束帖 *ts'iuen-kien t'ié*, ou toute autre pièce dont il a été parlé plus haut; il ne garde que la carte de visite 京片 *king-p'ien*. A ce propos, je note en passant que le 銜名片 *yen-ming p'ien*, usité dans les visites internationales, qui remplace, comme je l'ai dit ailleurs, le *ts'iuen-kien t'ié* ordinaire, doit être rendu.

2. Si au contraire on est disposé à recevoir le visiteur, on s'informera avant tout de son costume, c'est à dire s'il vient en habits de cérémonie soit 禮服 *li-fou*, soit 行裝 *hing-tchoang*, ou en costume ordinaire 便服 *pien-fou*. Car on peut d'ordinaire prendre le même costume que son visiteur, à moins que des raisons spéciales ne commandent une autre conduite, comme nous avons remarqué ailleurs. Quand tout sera disposé, le maître de la maison ira à la rencontre du visiteur, plus ou moins loin, selon sa propre dignité et selon le degré de respect qu'il doit à son hôte. Ainsi, un simple missionnaire devrait aller jusqu'à la grande porte pour recevoir les mandarins tels que sous-préfets et autres, tandis qu'un Évêque s'en dispenserait, et se contenterait de les recevoir à la seconde porte 儀門 *i-men*, ou même seulement devant la porte de la salle de réception 堂檐下 *t'ang-tchan-hia*.

3. Ici je dois remarquer que la démonstration de respect à l'arrivée d'un visiteur est toujours moindre qu'à son départ. Ainsi, celui que vous avez reçu seulement à la deuxième porte, devrait être reconduit par vous jusqu'à la grande porte, etc.

4. Arrivé auprès du visiteur, le maître de la maison se rangeant à son côté lui fera un simple *tso-i*, ayant le corps tourné à angle, de sorte qu'en faisant le *tso-i*, les bras du visiteur et ceux du maître forment entre eux un angle aigu. De plus, le maître de la maison, pour faire ce *tso-i*, doit se mettre au côté gauche du visiteur, si celui-ci est un personnage très considérable ; autrement, le premier peut se mettre au côté droit de son hôte.

5. Ensuite, pour se rendre à la salle de réception, il se mettra à la gauche du visiteur, un peu en arrière, si celui-ci est un homme de dignité supérieure ; sinon, il marchera de front avec l'hôte, ayant devant lui le serviteur porteur de la carte.

6. Arrivé à la salle de réception, on fait les saluts en règle ; puis, le maître de la maison donne la place d'honneur au plus digne de ses visiteurs : pour lui, il se mettra à la dernière place, sauf le cas où le visiteur, étant son inférieur direct, lui ferait à ce titre une visite officielle. Dès qu'on est assis, la politesse demande que l'on apporte le thé sans retard. Quelquefois les domestiques présentent au visiteur, avant le thé, un 手 巾 *cheou-kin* (serviette) préalablement trempé dans l'eau chaude et légèrement tordu 熱 手 巾 *jé cheou-kin*, serviette chaude ; ceci se pratique surtout si le temps est chaud, ou si le visiteur vient de faire un assez long voyage : mais ce point n'entre pas à proprement parler dans le cadre ordinaire de la politesse. Ensuite le maître soulèvera un peu le couvercle de la tasse à thé, sans boire à ce moment, comme on l'a dit plus haut ; après quoi, on cause. A la fin de la conversation, si le maître veut lever la séance le premier, il prendra la tasse et fera ce qui a été dit ailleurs ; mais il ne peut point agir ainsi, si le visiteur est un supérieur, ou même un simple hôte 賓 *pin*.

7. Si le visiteur est un grand personnage, au moment où l'on prend le thé, alors que les serviteurs qui sont auprès de la personne de

l'hôte avertissent leurs camarades de se préparer pour le départ en disant 俟候 *se-heou*, le maître de la maison doit dire tout haut que l'on fasse entrer la chaise le plus avant possible dans la cour intérieure de la maison.

8. Quand la séance est levée et les saluts faits et rendus, le maître de la maison, toujours à droite du visiteur, le suit un peu en arrière, ou marche à ses côtés. Sur ce point, plusieurs affirment que, pour reconduire l'hôte, le maître de la maison doit le précéder, et que même pour des personnages tout à fait considérables, il hâte le pas et va attendre à côté de la chaise, les bras pendants. Mais cette assertion ne paraît pas reposer sur un fondement certain.

9. Arrivés tous les deux près de la chaise, le visiteur et le maître font le *tso-i* d'adieu ; le maître attend, les bras pendants, que le visiteur soit monté en chaise : alors il fait encore un autre *tso-i*, qui termine la visite.

10. Pour les visites de nouvel an, observons que le maître de la maison ne reçoit d'ordinaire que celles des amis intimes et des parents plus proches ; de plus, quoique pour un motif différent, les mandarins subordonnés sont obligés de faire le 擋駕 *tang-kia*, quand les mandarins supérieurs directs viennent leur rendre visite.

11. Dans la même circonstance de nouvel an, on offre très souvent au visiteur, contrairement à la pratique des autres visites, un goûter outre le thé traditionnel. Ce goûter, servi d'ordinaire sur un seul plateau 菓盤 *kouo-p'an* (Pl. XXXIV.), est composé d'une dizaine d'espèces de desserts. Cette pratique, bien que usitée dans plusieurs pays, ne paraît pas universelle ; encore moins est-elle nécessaire.

CHAPITRE ONZIÈME

DES VISITES À RENDRE 答 拜 *t'a-pai.*

———

Je n'ai qu'un mot à dire sur ce point. On rend toujours la visite, excepté celle pour affaires, et celle des inférieurs directs, qui sont venus d'office; et encore, pour la visite du nouvel an, les supérieurs directs eux-mêmes doivent la rendre à tous les inférieurs, quoique ceux-ci soient obligés de faire le 擋 駕 *tang-kia,* comme il a été dit plus haut.

CHAPITRE DOUZIÈME

DES CADEAUX À FAIRE.

1. On peut faire les cadeaux à n'importe quelle époque de l'année, et pour une foule de raisons, mais tout spécialement : 1° à la fin de l'année 年 禮 *nien-li* ; 2° pour féliciter quelqu'un à l'anniversaire de sa naissance ; 3° dans la circonstance des funérailles d'un personnage auquel on doit le respect.

2. Pour faire un cadeau un peu convenable, il faut tout au moins quatre espèces d'objets. Un pot de vin et un jambon ou une cuisse de porc frais y figurent presque toujours; on offre de même, entre autres choses, une certaine quantité de vermicele 壽 麵 *cheou-mien*, pour le cadeau de l'anniversaire de naissance 壽 禮 *cheou-li* (*). Poulets, canards, poissons, fruits, encre, pinceaux, papier à lettre, pièces de soie et une foule d'autres objets peuvent être offerts. Les moutons peuvent être amenés vivants; il n'en est pas de même pour les porcs, dont on n'offre d'ordinaire qu'une partie. On met tous ces objets, si la chose peut se faire, dans un ou deux 條 箱 *t'iao-siang* (Pl. XXXIII.). Avant d'envoyer le cadeau, on doit faire une liste de tous les objets 禮 單 *li-tan* : on les écrit verticalement, mais dans le sens de la largeur du papier, sur un 京 片 *king-p'ien* de grand format, avec de petits caractères réguliers 小 楷 *siao-kiai*, et assez espacés. Il y a des formules faites pour cela avec des noms spéciaux plus ou moins poétiques : ainsi, pour dire deux poulets, on écrirait 德禽四翼 *té-kin se-i* (oiseaux vertueux, quatre ailes). On les trouvera dans 酬 世 錦 囊, 應 酬 彙 選 *tcheou-che kin-nang, ing-tcheou hoei-siuen*, et quelques ouvrages semblables. Je me contente de donner ci-dessous, à titre d'exemple,

---

(*) Le vermicelle, par sa longueur, fait allusion à la longue vie que l'on désire et souhaite à son ami.

une des formules ordinaires (*).   Cette liste ainsi écrite doit être mise dans une boîte destinée à cet usage, nommée 拜帖匣 *pai-t'ié hia* (Pl. XXXIII.).   On y joint une carte de visite ; mais il n'est pas nécessaire d'ajouter le 全東帖 *ts'iuen-kien t'ié*. Si on veut faire un cadeau en argent, on le mettra aussi dans cette même boîte. On emploie trois domestiques pour envoyer ce cadeau ; l'un d'eux, porteur de la boîte aux cartes, est d'ordinaire un 二爺 *eul-yé*, bien instruit de ce qu'il y a à faire dans ces circonstances.   Pour remplir dignement sa fonction, il convient qu'il prenne un chapeau de cérémonie.   Arrivé chez celui à qui le cadeau est destiné, il remettra la boîte 拜帖匣 au portier de la maison ; puis, en présence du maître ou de celui qui est chargé de recevoir le cadeau, il fera sortir des caisses les objets qu'on a apportés.

3.   Pour recevoir un cadeau envoyé par un homme de considération, la politesse demande que le maître vienne lui-même inspecter tous les objets présentés ; puis il se retire et charge quelqu'un des employés de la maison de prendre les objets de son choix.   Si cependant le cadeau venait d'un homme peu considérable ou d'une condition beaucoup moindre que celle du maître de la maison, celui-ci pourrait se dispenser de cette inspection et charger quelqu'un de recevoir les objets qu'il lui aurait désignés d'après la liste des cadeaux.   En tout cas, il ne faut pas que le maître vienne lui-même prendre les objets choisis, en présence des envoyés du donateur.

(*)

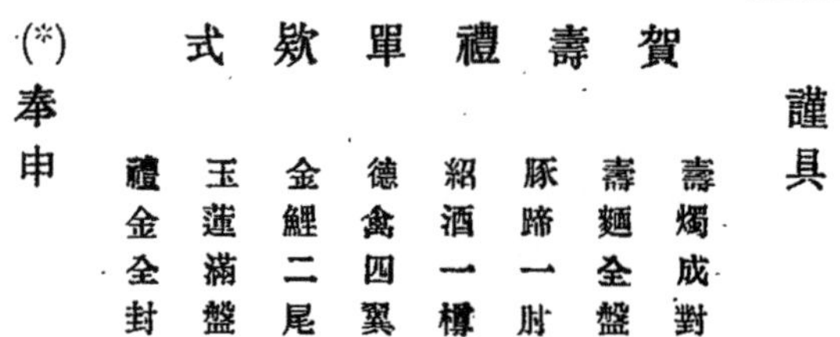

賀壽禮單欵式

謹具

壽燭成對　壽麵全盤　豚蹄一肘　紹酒一樽　德禽四翼　金鯉二尾　玉蓮滿盤　禮金全封

奉申

Modèle de liste des objets pour célébrer l'anniversaire.

Avec respect, j'ai préparé :   Une paire de bougies.

Un rouleau de vermicelle.

Un jambon.

Une cruche d'eau-de-vie.

Deux coqs.

Deux carpes.

Un bol de graines de nénuphars.

J'offre et fais monter jusqu'à vous.   Un paquet d'argent.

4. Pour le nombre des objets à prendre, il y a plusieurs choses à considérer. Si le cadeau est envoyé par un subordonné, comme expression de respectueux hommage ou de reconnaissance, par exemple, quand les notables font des cadeaux aux sous-préfets et autres mandarins locaux: le supérieur peut recevoir le cadeau en entier. Quand

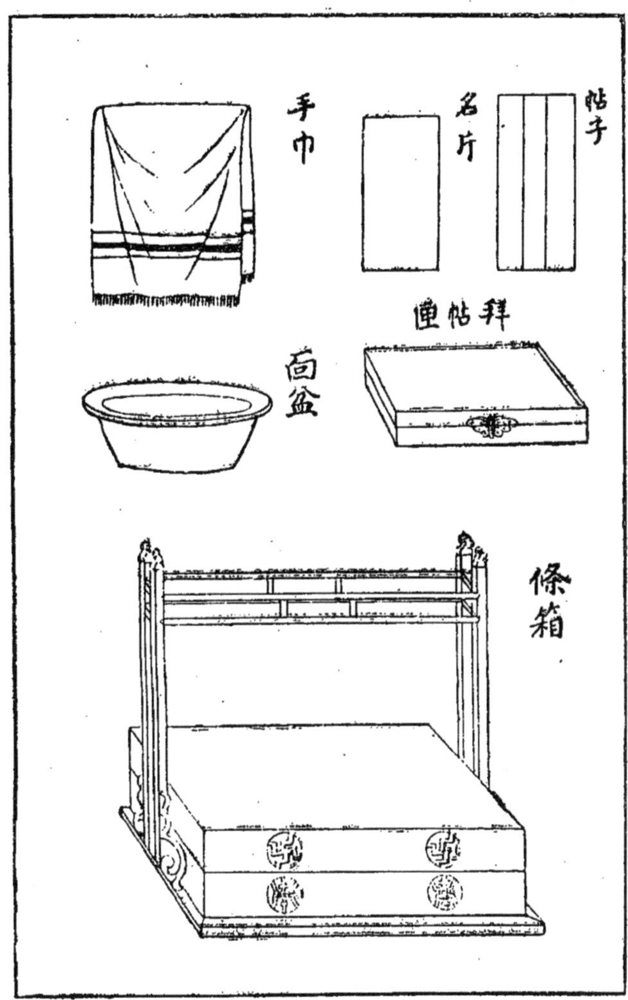

Pl. XXXIII.—Cartes, serviette, plateau pour contenir les cadeaux, etc.

un notable envoie un cadeau à un agent du service public, au 地保 *ti-pao* par exemple, pour des services rendus ou à rendre, celui-ci le reçoit aussi tout entier. En dehors de ces cas, les cadeaux de politesse ne doivent point être reçus en entier; mais quand le nombre des objets est

modéré, par exemple, de quatre ou de huit, on peut recevoir jusqu'à la
moitié des objets offerts.   Si le nombre était considérable, par exemple,
de vingt ou trente espèces, on ne prendrait qu'un tiers ou un quart
seulement.   Il y a certains objets que l'on reçoit presque toujours,
comme par exemple, le pot de vin, le jambon ou la cuisse de porc frais,

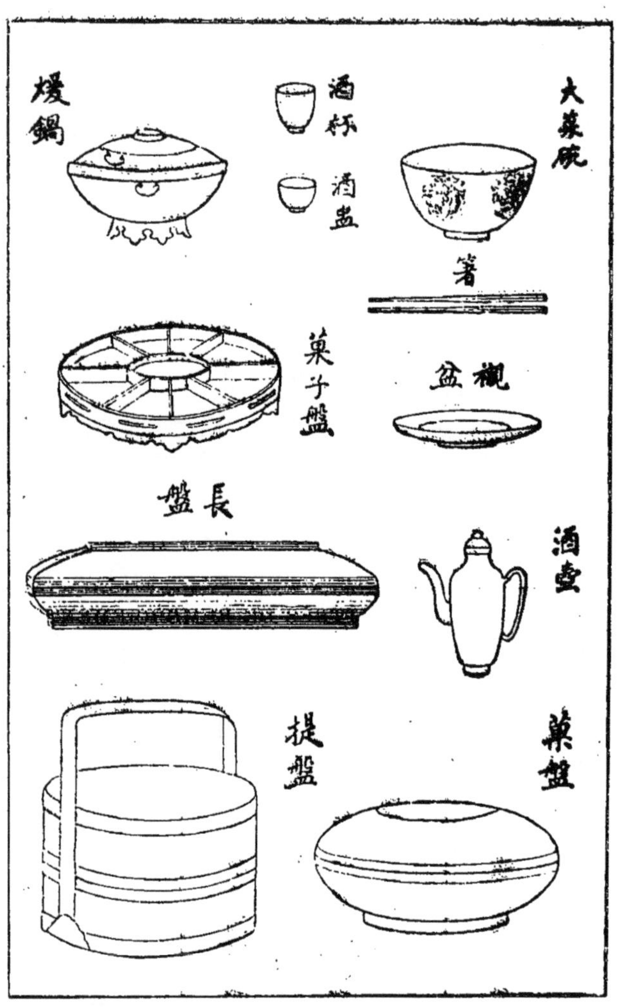

PI. XXXIV.—Vaisselle.

le vermicele et le paquet de bougies (ces deux derniers objets s'offrent
au jour anniversaire de la naissance) etc. etc. Pour les objets laissés au
choix du maître, celui-ci prendra de préférence ceux qui sont les plus
communs et les moins coûteux ; à moins que des raisons spéciales, comme

par exemple, la reconnaissance que témoignerait le donateur par ce présent, n'autorisent quelqu'un à choisir au contraire les objets plus précieux.

5. Quelquefois il arrivera que, pour obliger un ami à accepter tous les objets qui sont offerts, l'on enverra à son adresse, sans se servir des 條箱 *t'iao-siang* ordinaires, des domestiques chargés de déposer les présents chez lui; en ce cas, on ne saurait refuser ce qui est ainsi apporté.

Que l'on reçoive les cadeaux en entier ou en partie seulement, on doit écrire un 謝帖 *sié-t'ié*, de la même forme que le 禮帖 *li-t'ié* du donateur; c'est à dire que l'on répond au 全束帖 *ts'iuen-kien t'ié*, par un *ts'iuen-kien t'ié*; à un 古束帖 *kou-kien t'ié*, par un *kou-kien t'ié*; et enfin à un simple 禮單 *li-tan*, par un simple 謝片 *sié-p'ien*. Les formules de ces remerciements sont différentes les unes des autres; on peut les voir dans les ouvrages cités plus haut, et nous en donnons ci-dessous un exemple (*). Sur ce même 謝片 *sié-p'ien*, on indique en outre les deux sommes d'argent données aux envoyés du donateur, 敬使 *king-che*, et 力金 *li-kin*, la première au porteur de la carte, la seconde aux porteurs des objets. Ces deux sommes, qui se donnent toujours ensemble, même si personne n'a été spécialement chargé de porter la carte, doivent être proportionnées au

---

(*) MODÈLES DE LETTRES DE REMERCIEMENT.

謝帖欵式

Si on refuse tout.	*Si on reçoit une partie.*	*Si on reçoit tout.*
不領謝帖 謝 璧 愚教弟某某頓首拜	不全領謝帖 謝 璧 謹登禮物幾種餘珍附 愚教弟某某頓首拜	全領謝帖 謝 領 愚教弟某某頓首拜
Un tel, votre frère cadet, vous salue humblement: refuse: remercie.	Un tel, votre frère cadet, vous salue humblement, remercie. Avec respect, il énumère plusieurs cadeaux qu'il refuse avec respect.	Un tel, votre frère cadet en religion, vous salue humblement; reçoit; remercie.

prix du cadeau envoyé, et non pas à celui de la partie qu'on a reçue. L'usage prescrit au moins un dixième du prix du cadeau, et, entre mandarins, on arrive jusqu'aux trois dixièmes. De cette somme totale, à moins qu'on ne l'inscrive sans aucune division, on destine ordinairement une plus grande partie au porteur de la carte 敬使 *king-che* et une partie moindre aux autres gens de service 力金 *li-kin*; ainsi, si l'on donnait en tout une somme de mille sapèques, on mettrait six cents sapèques pour *king-che*, et quatre cents seulement pour les porteurs du cadeau. Mais cela n'est qu'une pratique sans conséquence: car en réalité, cette somme totale, quelle qu'elle puisse être, doit être divisée entre tous les domestiques de la maison, puisqu'ils sont obligés tous, chacun à leur tour, de remplir ce service. Si cependant le porteur de la carte était un 二爺 *eul-yé* dans le sens strict de ce mot, on devrait, au lieu de 敬使 *king-che*, donner le 代茶 *tai-tch'a*, qui est presque toujours en argent; et cette petite gratification est destinée au seul *eul-yé* et ne sera pas partagée avec les autres domestiques.

7. Si on ne reçoit pas le cadeau en entier, on doit rendre le 禮單 *li-tan*, après avoir noté par un rond les objets reçus; et on le met dans le 拜帖匣 *pai-t'ié hia* sus-mentionné, avec le 謝帖 *sié-t'ié* et la carte de visite du donataire.

8. Si on voulait faire un cadeau moins considérable et sans solennité, on pourrait se contenter d'envoyer un domestique le porter avec une carte de visite, soit que l'on n'écrive rien sur cette carte, soit qu'on y fasse le détail des objets envoyés. Dans le premier cas, le destinataire peut tout retenir, et, pour remercier le donateur, il n'a qu'à donner sa carte de visite sans rien écrire dessus; il ajoute une gratification au domestique porteur du cadeau. Dans le second cas, le donataire ne peut d'ordinaire recevoir qu'une partie du cadeau, et sur la carte de remercîment il doit écrire le caractère 謝 *sié*.

CHAPITRE TREIZIÈME

DU GRAND REPAS.

Article 1er — Préparatifs du repas.

1. Quand la nécessité ou la convenance exige que quelqu'un donne un grand repas, avant tout il doit faire des invitations, en envoyant un 請帖 *ts'ing-t'ié* (carte d'invitation), qui est d'ordinaire le 古柬帖 *kou-kien t'ié*, espace de libelle composé seulement de quatre feuilles. On y écrit le jour et l'heure du repas d'après les formules usitées, qui se trouvent dans les ouvrages cités plus haut. On indique quelquefois le lieu du rendez-vous, quand on doit supposer que l'invité l'ignore; dans le cas, par exemple, où le repas ne se fait pas dans la famille. Les missionnaires remplaceraient le *kou-kien t'ié* par un simple 單片 *tan-p'ien*, c'est à dire par une feuille de papier du format d'une grande carte de visite, sur laquelle ils écriraient seulement les formules ordinaires d'invitation. On met cette carte de visite dans une enveloppe rouge 封袋 *fong-tai*, au milieu de laquelle on colle une bande de papier également rouge 紅籤 *hong-ts'ien*; sur cette bande on écrit le nom de l'invité. Tout ceci doit être envoyé un ou deux jours à l'avance. La veille du jour fixé, ou le jour même dans la matinée, on doit réitérer l'invitation par une simple carte de visite de petit format, sur laquelle on écrit seulement deux caractères 恭速 *kong-chou*, ou au plus quatre 恭候速光 *kong-heou chou-koang*, j'attends avec respect que vous veniez vite; on pourrait aussi coller au bas de l'enveloppe du 請帖 *ts'ing-t'ié* la carte de visite en question, et alors on aurait rempli à la fois les deux formalités décrites plus haut.

2. Cette deuxième invitation 邀客 *yao-k'é*, de l'une ou de l'autre manière, est nécessaire, alors même que la personne invitée serait déjà dans votre maison pour une raison quelconque; vous êtes

alors tenu de lui envoyer, à l'adresse de sa résidence ordinaire, l'invitation réitérée, comme si elle était encore chez elle : s'abstenir de cet acte, serait considéré comme une impolitesse; cette omission équivaudrait en effet à la recommandation de rester chez soi.

3. En troisième lieu, quelques heures avant le repas, on envoie encore un domestique pour presser l'arrivée de l'invité en déposant chez lui une carte de visite, ou en montrant seulement la carte de visite, qui sera ainsi présentée successivement à tous les invités, ou enfin en passant sous les yeux de chacun son nom inscrit dans le catalogue des invités 客目 *k'é-mou*, autrement dit 橫帳 *hong-tchang*. Cette dernière pratique suppose que les invités sont en grand nombre.

4. Si l'invité accepte la politesse, il suffit qu'il exprime son consentement devant l'envoyé du maître; et s'il était résolu à la refuser, il pourrait faire aussi parvenir ses excuses par l'entremise de l'envoyé, à moins que des circonstances spéciales ne l'obligeassent à s'excuser par un 辭謝帖 *ts'e-sié t'ié*, dans le cas par exemple, où le repas serait donné en son honneur.

5. Dans l'ornementation de la salle où le repas doit se faire, si l'on emploie le 桌圍 *tcho-wei* (Ch. III, 3.), on doit aussi se servir des 椅披 *i-p'i;* sur le bord de la table, du côté où le 桌圍 *tcho-wei* est attaché, on place deux chandeliers 酒籤 *tsieou-ts'ien;* l'on met, entre les deux chandeliers, une cassolette appelée 席設 *si-ché*. Les parfums contenus dans ce vase 沫香 ou 檀香 *mo-hiang* ou *t'an-hiang*, ainsi que les bâtons d'encens dits 安息香 *ngan-si hiang*, qui sont accrochés aux deux chandeliers, sont destinés à être brûlés pendant le repas. On n'allume pas pendant le jour les bougies qui sont sur la table; mais s'il y avait des lanternes suspendues au plafond, on y mettrait des bougies et on les allumerait, même le jour. La nappe de table 檯單 *t'ai-tan*, n'est pas requise : mais quand les Chinois l'emploient, ils se servent toujours d'étoffes de couleur; et alors toutes les tasses du service doivent avoir une soucoupe pour garantir autant que possible la nappe de toute tache.

*Article 2*ème — ORDRE DES PLACES DANS UN REPAS SOLENNEL.

1. Supposons d'abord qu'il n'y ait qu'un seul hôte, et que le maître de la maison soit seul avec lui: on peut évidemment ne

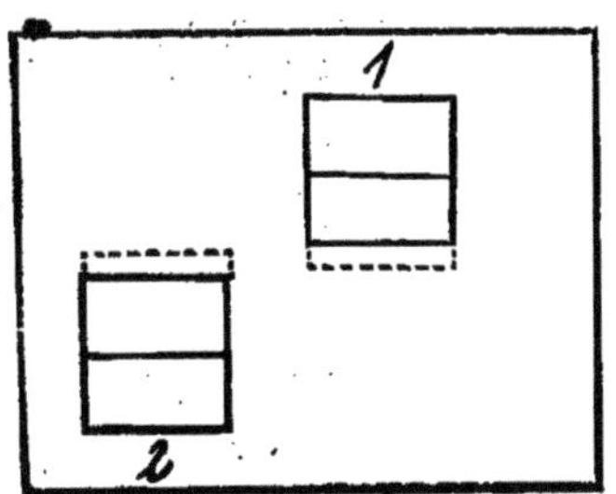

dresser qu'une seule table, et le maître donnera la place d'honneur à son hôte. Mais il paraît qu'entre mandarins, surtout quand un inférieur direct 下 屬 *hia-chou*, un sous-préfet par exemple, invite son supérieur à un festin solennel, l'inférieur dresserait alors même deux tables, et les deux convives se placeraient comme l'indique la figure suivante.

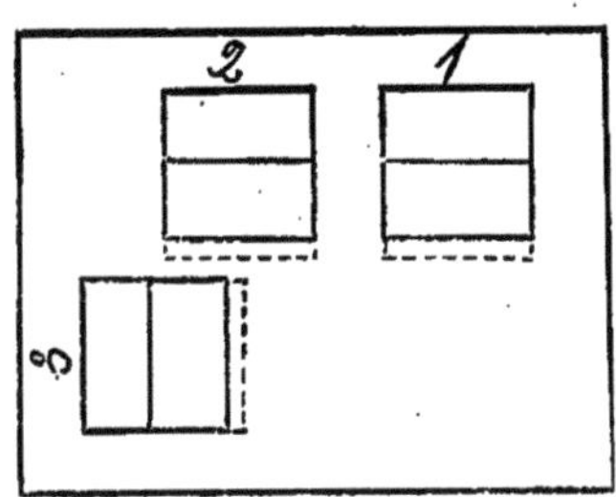

De là, on conclut que, s'il y a deux inférieurs et un supérieur, on peut dresser trois tables : celle qu'on ajouterait, se trouverait au Sud-Est ; qu'au contraire, si un inférieur (sous-préfet) avait deux supérieurs (par exemple, un Tao-t'ai et un Tche-fou) à dîner, il pourrait dresser deux tables de front, tournées vers le Sud ; et sa table à lui serait placée à l'écart, tournée vers l'Orient.

2. Considérons maintenant les différentes combinaisons qui peuvent se présenter, et qui dépendent du nombre des tables dont on dispose et du nombre des convives : 1°. Je suppose qu'il n'y ait qu'une seule table dans la salle ; alors les dispositions suivantes pourront être imaginées d'après les figures :

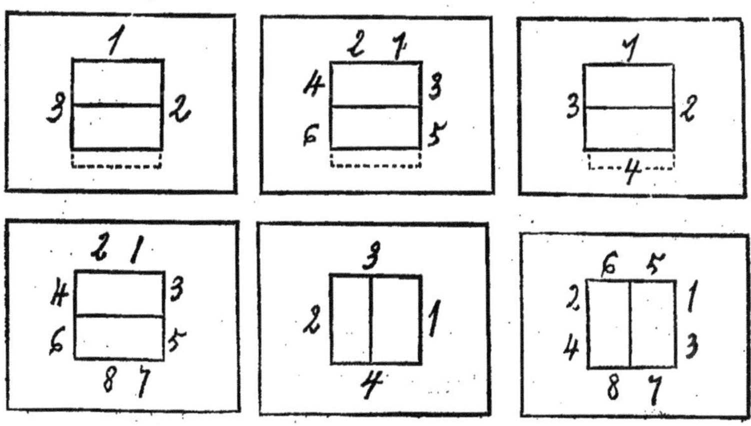

2°. Si l'on suppose deux tables dressées dans la salle, on aura les combinaisons suivantes :

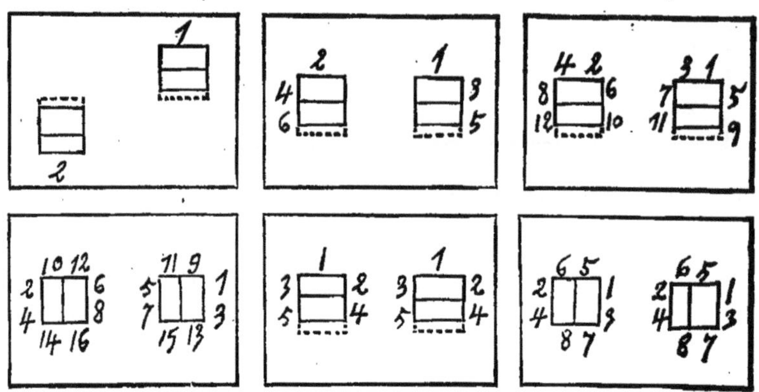

3°. Dans le cas où il y a trois tables, voici comment on peut combiner les différentes positions des convives :

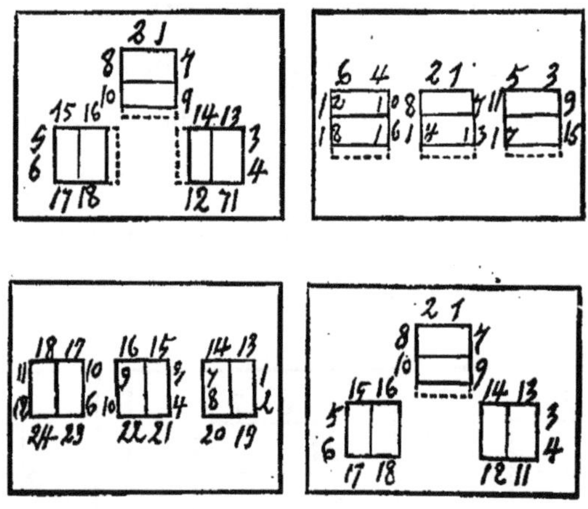

4°. Supposons quatre tables dressées ensemble dans une même salle :

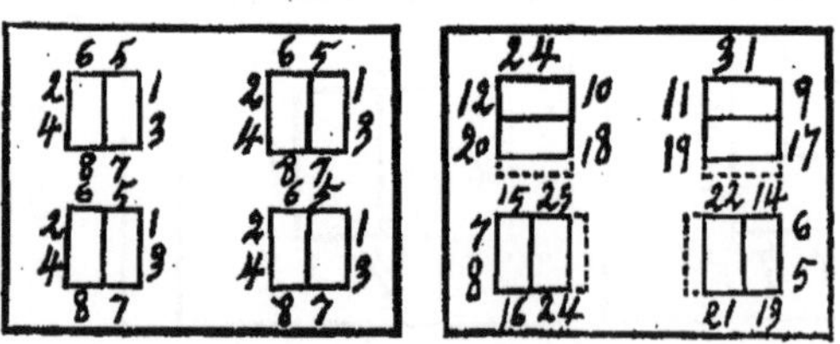

5°: Enfin pour ne pas continuer indéfiniment, je m'arrête au nombre de cinq tables qui est à peu près tout ce qu'une salle ordinaire peut contenir : si le nombre des convives était trop élevé, mieux vaudrait les recevoir dans des salles différentes, et alors toute difficulté serait levée.

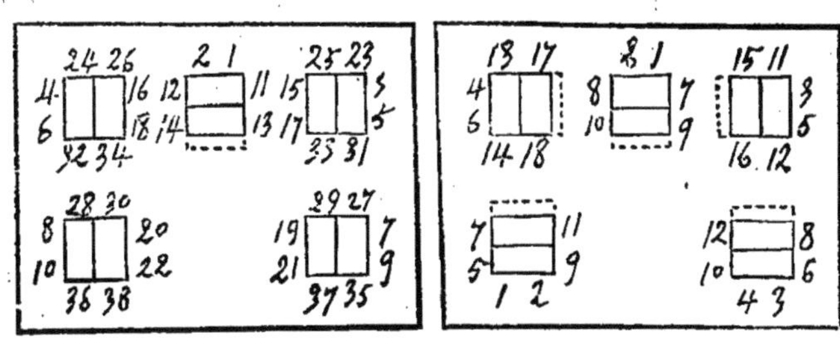

3. Bien que nous venions de distribuer les places une à une, cependant on ne fait guère attention qu'aux premières, réservées aux hôtes qui méritent plus de considération dans un repas solennel. Les autres sont données presque *ab libitum*. Il n'est pas besoin de répéter que le maître de la maison se mettra à la dernière place, sauf les cas exceptionnels dont on a déjà parlé.

*Article 3*ème — DES METS À OFFRIR DANS UN REPAS SOLENNEL.

1. Les différentes classes de repas se distinguent par le nombre plus ou moins grand des desserts qui sont étalés sur la table avant l'entrée des invités. . Ainsi, on appellera le repas de 八 囘 干, 十 二 囘 干, 十 六 囘 干, 廿 四 囘 干, 三 十 二 囘 干, selon qu'il y aura huit, douze, seize, vingt-quatre ou trente-deux desserts sur la table (*). Quand on fait un grand dîner de cette sorte 囘 干 *hoei-ts'ien*, on sert presque toujours certains plats 熱 炒, 大 菜 *jé-tch'ao, ta-ts'ai* et quelques autres mets indispensables, dont nous parlerons tout à l'heure. Mais en dehors de ces sortes de banquets, on sert, dans la campagne surtout, un autre genre de repas composé seulement de huit, dix ou douze espèces de plats, avec quatre espèces de desserts 四 插 角 *se-tch'a kio* (**). Du reste, lors même qu'il comporterait un grand nombre de desserts, douze par exemple, s'il n'est pas systématiquement composé de trois catégories de friandises au moins, à savoir de 水 菓 *choei-kouo*

(*) Cette expression, employée au Sud, n'est pas comprise au Nord de la Chine.

(**) *Se-tch'a kio*, parce qu'on met ces quatre assiettes de desserts aux quatre coins de la table.

ou 鮮菓 *sien-kouo*, de 乾菓 *kan-kouo*, et de 糖食 *t'ang-che* (*), qui constituent l'essence d'un 回干, le repas ne serait pas ainsi appelé.

2. Prenons pour exemple le 十六回干. Il commencerait par quatre classes de desserts, chacune comprenant quatre espèces différentes, quatre 水菓, quatre 乾菓, quatre 糖食, et enfin quatre 荤盆 *hoen-p'en* ou 盤 *p'an* (viande) qui font partie du dessert. Tous ces plats doivent être disposés en cercle sur la table, et les mets qui viendront ensuite, seront placés au centre de ce cercle, ou, s'il y a deux tables mises l'une devant l'autre, les desserts seraient placés sur la table de devant. On peut en manger à un moment quelconque du repas.

3. Sans m'arrêter aux cérémonies qui précèdent un repas solennel, cérémonies appelées 定席 *ting-si*, et pratiquées surtout dans les solennités du mariage, je viens sans préambule à la manière ordinaire. Elle consiste dans un simple 作揖 *tso-i* fait par le maître de la maison, de sa place, à l'hôte ou aux hôtes, s'il y en a plusieurs; ceux-ci doivent y répondre, aussi de leur place. Ici, j'entends par l'hôte ou les hôtes 客, celui ou ceux pour qui le repas est offert, et par là j'exclus les 陪客 *pei-k'é*, que le maître de la maison aurait pu inviter pour tenir compagnie aux hôtes principaux, et qui doivent parfois remplir l'office du maître.

4. Voici maintenant l'ordre dans lequel le repas doit être servi, sans le 定席 *ting-si* sus-mentionné. Quand tous les desserts sont étalés, on place sur la table, devant chaque siège, une assiette 襯盆 ou 盤 *tch'en-p'en* ou *p'an* (Pl. XXXIV.), sur laquelle on met une coupe 酒杯 *tsieou-pei* ou plutôt 酒盅 *tsieou-tchong* (Pl. XXXIV.); et à droite de l'assiette, on dispose, à angle droit avec le côté de la table, une paire de bâtonnets 箸 *tchou* (Pl. XXXIV.). Ce sont les seuls ustensiles que l'on place d'avance sur la table. Les bouteilles sont à l'écart. Dans les circonstances ordinaires telles que nous les supposons, on ne porte point le pardessus 外套 *wai-t'ao*, mais on le remplace par un surtout court 馬褂子 *ma-koa-tse*. On n'est même pas obligé de prendre le chapeau de cérémonie, qui est remplacé par une calotte convenable à la saison. Quand tout est prêt, le maître de la maison invite par un geste de la main l'hôte ou les hôtes à prendre place, en disant successivement à chacun d'eux 請上坐 *ts'ing chang-tsouo*, asseyez-vous à la place

---

(*) *Chosi-kouo*, fruits de la saison. *Kan-kouo*, fruits secs. *T'ang-che*, sucreries.

d'honneur. L'hôte ou les hôtes gagnent leur siège en disant 領 命 *ling-ming*, je vous obéis, mais seulement après avoir décliné l'honneur une première ou même une seconde fois en disant 不 敢 *pou-kan*, ou 不 敢 當 *pou-kan-tang*, je n'ose. Cependant, personne ne s'assied à ce moment, mais chacun reste debout à côté de son siège. Quand tous les hôtes sont ainsi placés, à l'invitation du maître, 請 坐 *ts'ing-tsouo*, celui qui a la place d'honneur 席 尊 *si-tsuen*, s'assied le premier en disant aux autres hôtes, s'il y en a, 優 僭 ou 優 僭 了 *yeou-tsien*, j'usurpe *la première place*. Dès qu'on est assis, les serviteurs viennent prendre la coupe et y versent du vin : en ce moment, le maître se lève, et celui dont on remplit la coupe en fait autant. Quand le vin est versé, on se rassied : alors on apporte sans retard le premier plat, qui doit être un des 熱 炒 *jé-tch'ao*, si l'on en sert. Par *jé-tch'ao*, on entend certains mets rôtis, que l'on prépare au moment même où ils doivent être apportés sur la table, et qui sont servis tout chauds, dans de petites tasses d'une forme déterminée. Ces *jé-tch'ao*, si l'on en sert, doivent être au moins au nombre de quatre ; d'ordinaire, ils sont moins nombreux que les grandes tasses 大 菜 *ta-ts'ai ;* ainsi on servirait quatre *jé-tch'ao* pour huit *ta-ts'ai*. On peut servir une tasse à chacun, ou seulement une tasse commune à tous ceux de la même table. En tout cas, on n'emploie pas les bâtonnets pour prendre les *jé-tch'ao*, mais l'on se sert de la cuillère chinoise. L'on fait attention à ne pas devancer le plus digne de la table pour prendre le premier *jé-tch'ao*, à chaque service ; mais il convient d'attendre l'exemple et l'invitation du 席 尊 *si-tsuen*. Pour les autres fois, ainsi que pour les autres *jé-tch'ao*, l'on est dispensé de cette formalité. Pendant tout le cours de ce service, dès que votre coupe est à moitié vide, les serviteurs viennent vous la remplir sans la cérémonie décrite plus haut. On observe seulement que c'est contre la politesse de boire à pleine bouche, et de laisser la coupe complètement à sec : il faut au contraire prendre le vin à petits traits, et laisser toujours quelques gouttes au fond de la coupe, et ne la vider qu'à la fin du dîner, quand on veut prendre du riz, ou si l'on n'en prend pas, quand on veut s'en aller.

5. Après les *jé-tch'ao*, on apporte le premier 大 菜 *ta-ts'ai ;* alors on recommence à verser du vin d'une manière solennelle, en observant tout ce que nous venons de dire pour le premier *jé-tch'ao*. Dès

que le premier 大菜 *ta-ts‘ai* est servi, les convives peuvent se lever de la table, pour fumer, pour causer à part, etc. etc.

6. Quand la moitié à peu près des grandes tasses est servie, après quatre tasses par exemple, s'il y en a huit en tout, on apporte une sorte de goûter composé de deux petits plats de pâtes de froment 麵食 *mien-che;* l'introduction de ce service s'appelle 上湯 *chung-t‘ang,* parce que en même temps on offre toujours une petite tasse de bouillon. On sert ensuite deux grandes tasses, après quoi on apporte un autre goûter composé de pâtes de riz 粉食 *fen-che,* avec lesquelles on présente une tasse de thé : c'est pour cette raison qu'on appelle ce service 上茶 *chang-tch‘a.* Vers ce moment, les hôtes sont obligés de faire donner aux gens de la maison, par leurs serviteurs respectifs, un pourboire 犒賞 *k‘ao-chang.* La valeur de ce pourboire varie avec la qualité des convives. La raison pour laquelle on doit donner cette gratification dès ce moment, est que les serviteurs récompensés sont obligés de venir remercier les donateurs, avant qu'aucun des hôtes ne soit parti. De plus, après chaque goûter, les serviteurs de chacun des convives doivent présenter (mais une fois seulement), à leurs maîtres respectifs, le 熱手巾 *jé-cheou-kin,* trempé dans la cuvette 面盆 *mien-p‘en* (Pl. XXXIII.) ; chaque convive devrait régulièrement apporter de chez lui serviette et cuvette. Cependant, si quelqu'un des convives n'a pas apporté ces objets pour una raison ou pour une autre, le service de la maison doit les lui fournir. On doit en dire autant de la pipe à eau.

7. On arrive à la dernière grande tasse *ta-ts‘ai,* qui est toujours un plat de poisson ; bien qu'on le serve toujours, on n'en mange jamais dans un repas de cérémonie. On verse alors du vin pour la dernière fois, et en observant les règles données plus haut. Dès que ce dernier *ta-ts‘ai* est mis sur la table et que le vin a été bu, ceux des convives qui sont pressés, peuvent faire leurs adieux 告辭 *kao-ts‘e,* et s'en aller : car le repas solennel proprement dit est terminé.

8. Enfin on apporte du riz avec quelques petits plats pour faire passer le riz ; même les 鹹小菜 *hien-siao-ts‘ai,* légumes salés, peuvent être servis à ce moment. Celui qui voudrait prendre du riz, tandis que les autres boivent encore du vin, dirait en étendant un peu les bâtonnets, à ceux de la même table 欠陪了 *k‘ien-pei-liao,* je manque *au devoir* de vous tenir compagnie ; et les autres de répondre : 請

自政 *ts'ing tse-tcheng*, ou 請自便 *ts'ing tse-pien*, à votre aise, je vous prie. Quand quelqu'un a fini de manger le riz, étendant de nouveau de la main droite les bâtonnets, et de la gauche tenant la tasse, il doit dire 慢用 *man-yong*, ne vous pressez pas *à cause de moi;* et tout de suite après, déposant la tasse, et plaçant les bâtonnets dessus, il ajoute 奉陪 *fong-pei*, je vous tiens respectueusement compagnie; les autres répondront 不敢當, 請自政 *pou kan-tang, ts'ing tse-tcheng*, je n'ose, mettez-vous à l'aise; alors le premier dépose sur la table les bâtonnets en disant 失陪了, 欠陪了 *che-pei-liao, k'ien-pei-liao*, je vous manque de respect. Après le repas, les serviteurs présentent deux fois de suite le 熱手巾 *jé-cheou-kin*, chacun à son maître.

9. Pour s'en aller, on observe les règles usitées dans les visites ordinaires. S'il fait nuit, c'est aux serviteurs de la maison de reconduire l'hôte avec des lanternes (臺燈 *t'ai-teng*, fixées à une hampe, et non pas 行燈 *hing-teng*, qu'on porte à la main), jusqu'à sa chaise, et même si la nécessité l'exigeait, ils le reconduiraient jusqu'à sa maison; seulement dans ce dernier cas, il faudrait que l'invité leur donnât une gratification toute particulière et proportionnée à leur fatigue.

10. J'omets les jeux usités dans les grands dîners, la mourre par exemple 升拳 *cheng-k'iuen*, et une espèce de bouts-rimés 行酒令 *hing tsieou-ling*, dont l'enjeu consiste en une coupe de vin que doit vider le joueur malheureux. Si pendant ces jeux bruyants l'on était pressé de partir, on pourrait le faire sans prévenir ces joyeux convives, et accompagné seulement par le maître de la maison. En outre, il est à remarquer que pour la pénitence à faire dans les jeux, la qualité du vin n'est point déterminée; et même il peut être de différentes espèces, tandis que dans le courant du repas on ne sert d'ordinaire qu'une seule espèce de vin, appelée 紹興 *chao-hing*.

11. Il reste encore quelques plats surérogatoires, que l'on peut servir, p. ex. 煖鍋 *noan-kouo*, pour les jours très froids de l'hiver. Pour le reste de l'hiver et au printemps, on sert un autre plat appelé 百菜揚 *pé-ts'ai-t'ang;* pour les saisons d'été et d'automne, c'est le 隨盤 *soei-p'an*. Le 煖鍋 *noan-kouo* (Pl. XXXIV.), est une espèce de réchaud dans lequel on met toute sorte de choses, soit viande, soit poisson. Mais dans les pays où l'on en sert deux ensemble, on remplit généralement l'un de viande, et l'autre de poisson, chacun

avec les assaisonnements convenables. Le 百菜湯 *pé-ts'ai-t'ang* et le 隨盤 *soei-p'an* sont deux grands plats 大尺盆 *ta-tche-p'en, ts'i-tche-p'en* sur le premier desquels on a disposé des fruits secs et sucrés, comme par exemple des jujubes confites etc. ; sur le second on place différentes sortes de viande. Tout cela serait offert au milieu du dîner, au moment où l'on aurait dû présenter les deux goûters mentionnés plus haut, et si on ne les offrait point : que si au contraire on offrait ces goûters, on n'exhiberait ces mets supplémentaires qu'à la fin du repas, quand toutes les grandes tasses ont été servies.

*Article 4*ème — DE QUELQUES RÈGLES SPÉCIALES À OBSERVER

PENDANT LE REPAS SOLENNEL.

1. En général, on tâche de suivre autant que l'on peut les mouvements du principal invité 席尊 *si-tsuen.* Cependant, outre que quelquefois on ne peut pas le faire, on n'y est point strictement tenu, si ce n'est dans les circonstances suivantes : 1°. Lorsqu'on prend pour la première fois du vin, au commencement du repas, ainsi que dans les deux autres circonstances dans lesquelles il est versé d'une façon plus solennelle ; 2°. Quand on doit pour la première fois prendre un mets quelconque soit 熱炒 *jé-tch'ao,* soit 大菜 *ta-ts'ai ;* 3°. Quand on commence à manger le riz, si le principal invité doit le faire à peu près en même temps.

2. Il y a deux plats qui méritent une mention spéciale : le premier, celui de poisson, dont on ne prend jamais ; le second est le 蹄子 *t'i-tse,* rôti de porc ; on ne peut y toucher que dans le cas exceptionnel où le maître de la maison, pour honorer d'une manière spéciale son hôte, lui ferait porter le *t'i-tse* déjà découpé, et ordinairement comme premier plat 大菜. Cette attention du maître est l'indice certain d'une invitation formelle à goûter de ce plat ; le refus d'accéder à cette invitation serait regardé comme une indélicatesse.

3. La politesse interdit les actions suivantes : appuyer les coudes sur la table ; manger avec bruit ; tenir les bâtonnets au-dessous du milieu ; tenir la tasse par le fond, ou ayant tous les doigts appliqués sur ses bords : il faut en effet la maintenir en engageant légèrement l'index à l'intérieur de la tasse ; se servir immédiatement de ses mains dans n'importe quelle circonstance du repas, pour toucher un os ou

une arête mais, s'il en était besoin, on les prendrait avec les bâtonnets au moyen desquels on les déposerait dans l'assiette. De plus, la politesse chinoise exige, affirme-t-on, que, quand un plat est déjà sur la table depuis quelque temps, et qu'un autre a été servi, l'on ne prenne plus du premier, si, pour y puiser, il faut passer par dessus un autre plat plus rapproché. Cependant la nécessité même peut vous engager à prendre de ce plat, si par exemple les autres ne conviennent pas à votre estomac ; alors l'usage vous autorise à prendre un morceau quelconque du plat qui est devant vous, pour l'offrir à celui des convives devant qui se trouve le plat dont vous désirez prendre ; cela fait, vous pouvez tranquillement puiser dans ce dernier, sans encourir la note d'impolitesse : et cela, *toties quoties*.   Mais cette affirmation me paraît un peu trop rigoureuse, surtout en ce qui concerne la répétition de cette petite manœuvre ; il me semble que la règle donnée ici peut souffrir des exceptions, surtout quand le repas est déjà avancé.   A ce propos, je remarque que, lorsqu'on use de cette permission que l'on a d'offrir quelque chose avec les bâtonnets à une autre personne, on dépose le morceau ainsi offert dans le plat le plus rapproché de celui à qui l'on fait cette amabilité tant soit peu politique, et on le place sur le bord du plat qui est tourné vers le convive destinataire ; cette façon de procéder est plus convenable que de déposer le morceau dans l'assiette même de son commensal ; du reste, ce dernier n'est jamais tenu de prendre le morceau offert ; il peut le laisser, sans manquer en aucune manière à la politesse.   Remarquons à cette occasion qu'il n'est nullement défendu d'offrir dans d'autres circonstances encore, et par amabilité, quelque morceau choisi à l'un de ses commensaux ; dans ce cas, l'on devra se conformer à la recommandation qui précède.

4.   D'après ce que nous avons dit, on voit que l'on peut quitter la table sans même avoir touché au riz. Et en effet, un repas solennel consiste presque uniquement dans le vin et les différents mets que l'on vous sert.   Cependant, on peut prendre le riz, comme nous avons dit, et en telle quantité que l'on veut.   Seulement il ne faut pas que le bol soit complètement rempli, encore moins conviendrait-il qu'il fût surchargé, ainsi que cela se pratique à la campagne : mais il est plus distingué de prendre la tasse à demi-pleine, chaque fois ; et de faire revenir le riz autant de fois que l'on en a besoin.

CHAPITRE QUATORZIÈME

DES FUNÉRAILLES.

---

1. Dès que quelqu'un est mort dans la maison, on s'occupe de laver le corps, de le revêtir de ses habits et de le transporter dans la grande salle. Si le mort est le maître, ou la maîtresse, ou le fils aîné de la maison, on le dépose au milieu de la salle ; pour les autres, on est obligé de les déposer sur l'un des côtés de l'appartement, les hommes à l'Est, les femmes à l'Ouest. On dispose alors avec des étoffes de toile une enceinte mortuaire 孝 圍 *hiao-wei* (Pl. XXXV., 孝 *hiao*, piété filiale, deuil que portent les enfants à la mort des parents), dans laquelle sont renfermés avec le mort, sa femme, ses enfants et ses belles-filles, s'il en a, 孝 子, 孝 媳 *hiao-tse, hiao-si ;* ils sont censés n'en point sortir pour traiter des affaires ; il est évident que ceci ne se pratique que dans les grandes familles, et ne saurait convenir exactement aux familles pauvres. Cependant tous les membres les plus proches de la famille doivent avoir au plus tôt les habits de deuil convenables. Cela du reste est facile, car l'on trouve aisément à louer ou à emprunter des vêtements, qui serviront jusqu'à ce que la famille du défunt ait pu en procurer à ses membres. Pour traiter les affaires concernant les funérailles au nom du maître de la maison, et pour recevoir et reconduire les hôtes, on doit inviter des personnes du dehors ; ce sont ordinairement les proches ou les amis de la famille.

2. Au dehors, la famille fait annoncer par la procure de la maison 帳 房 *tchang-fang* (*), aux parents et aux amis, la nouvelle de la mort. Pour cet effet, la procure envoie au domicile des parents et des amis du mort, une liste 報 喪 帳 *pao-sang*

(*) Par ce mot, l'on entend le ou les régisseurs chargés des affaires extérieures d'une maison.

tchang (Pl. XXXVI.), portant le nom de chacun d'eux. Cette liste, suivant les différents cas, est inscrite sur un papier de couleurs différentes : de couleur blanche, si le mort est le maître de la maison ; grise 故色 *kou-ché*, ou 元色 *yuen-ché*, si le mort est de même degré que le maître de la maison, c'est-à-dire, sa femme, ses frères, ses sœurs etc. ;

Pl. XXXV.—Famille en deuil.

enfin, si le mort est un inférieur, le papier serait de couleur bleu clair 月藍 *yué-lan*. Les *pao-sang tchang*s ont tous écrits en lettres noires.

    8. Celui à qui la nouvelle de la mort est ainsi officiellement donnée, à moins qu'il ne soit proche parent du défunt, ou encore qu'une raison toute spéciale ne l'oblige d'aller en personne à la demeure du défunt 奔喪 *pen-sang*, 弔喪 *tiao-sang*, celui-là, dis-je, est libre

de faire cette visite, ou de s'en abstenir; de même, s'il se détermine à cette démarche, il est libre d'aller le jour de la mise en bière 入殮 *jou-kien*, ou plus tard, le jour où la famille reçoit officiellement les visites de condoléance 領帖 *ling-t'ié*. Mais lorsque quelqu'un est averti officiellement du décès, il faut dès lors qu'il envoie à la famille du défunt un cadeau, comme expression de la part qu'il prend à sa douleur 賻儀 *fou-i*, 弔儀 *tiao-i*, (追儀 *tchoei-i*, pour les familles chrétiennes. Pl. XXXVI.). Si ce cadeau consiste en une somme d'argent, et chez les Chrétiens, si ce sont des cierges 蜜臘 *mi-la* et de l'encens 乳香 *jou-hiang*, il est préférable que l'on envoie ces objets le jour de la mise en bière. Quant aux objets qu'un Chrétien pourrait envoyer dans ces circonstances à une famille payenne, je n'en vois pas d'autres, en dehors des inscriptions 輓額, 輓聯 *wan-ngo*, *wan-lien*, et 輓軸 *wan-tchou*. L'étoffe pour faire le fond du *wan-ngo* (horizontal) et des *wan-lien* (verticaux, deux à deux) doit être de soie, 綢 *tch'eou* et 綾子 *ning-tse;* elle est le plus souvent de couleur blanche, tandis que le fond du 輓軸 *wan-tchou* est de drap 呢 *ni* ou de 羽毛 *yu-mao*, et très souvent de couleur bleu foncé 深藍 *chen-lan*. Les sentences à mettre sur les *wan-ngo* et *wan-lien* peuvent être simplement écrites à l'encre noire. Si l'on faisait les caractères en papier appliqué, ou en métal, c'est-à-dire, en or, en argent ou en autre métal doré ou argenté, comme c'est requis pour le *wan-tchou*, ils pourraient être de n'importe quelle couleur, le rouge sang 大紅 *ta-hong* excepté. Car cette dernière couleur est réservée pour le nom du défunt dans le 落欵 *lo-k'oan*, que l'on doit faire sur chacune de ces trois sortes d'inscriptions. Cette formule se trouve ci-dessous à titre d'exemple:

輓聯	輓額	輓軸
棠陰仁兄大人柩前 山川抛夙契 鄉國抱餘哀 愚教弟杜撰生謹輓	棠陰仁兄大人柩前 人琴云邈 愚教弟杜撰生謹輓	棠陰仁兄大人柩前 食德飲和 愚教弟杜撰生謹輓

Ces inscriptions ne sont envoyées d'ordinaire que plus tard. Cependant si l'on a eu le temps de les faire d'une manière convenable pour le jour même de la mise en bière, on peut les envoyer pour cette époque. On placerait les cadeaux dans un 條箱 *t'iao-siang*, ou dans un 長盤 *tchang-p'an* (Pl. XXXIV.); et on enverrait l'argent dans le 拜帖匣 *pai-t'ié hia;* on met en outre dans cette dernière boîte une liste des cadeaux et la carte de visite de couleur grise. Il faut remarquer ici que les *wan-ngo* et *wan-lien* ne peuvent pas être envoyés séparément, tandis qu'il peuvent être envoyés sans le *wan-tchou* et sans argent, et *vice versa*.

4. Nous avons dit qu'on n'est pas tenu de faire en personne la visite de condoléance. Si on y allait, il faudrait connaître les règles spéciales à ces visites et éviter les pratiques superstitieuses des familles païennes.

5. Tout d'abord, on peut prendre les habits de cérémonie comme d'ordinaire, en évitant cependant les couleurs trop vives, et en tenant compte en outre des observations suivantes. 1°. Le 外套 *wai-t'ao* doit être en drap de couleur noire 元色 *yuen-ché;* 2°. Quand on porte le chapeau de cérémonie d'été 凉帽 *liang-mao*, il faut qu'il soit fait de rotin, et non de tissu de soie, comme nous avons remarqué ailleurs. De plus, il faut apporter avec soi un morceau d'étoffe arrangé pour ces circonstances 帽套 *mao-t'ao*, et destiné à dissimuler les fils rouges du chapeau.

6. Arrivé dans la famille du défunt, le visiteur chrétien sera reçu ordinairement au son de la musique, par un homme chargé de cet office 支賓 *tche-pin*. Introduit près du cadavre, il veillera à ne point rester debout juste devant la tablette à l'endroit où les païens font leurs prostrations, mais il se tiendra du côté des hommes. Là, il demandera le morceau de toile blanche 請帛 *ts'ing-p'a*. Pour se le donner entre eux, les païens ne le passent point de la main à la main, mais par un respect superstitieux, ils jettent ce morceau de toile auprès du coussin qui doit servir aux visiteurs pour les prostrations. Au reste, à moins que le défunt ne soit votre supérieur 親長 *ts'in-tchang*, vous n'avez pas besoin de vous entourer la tête avec cette bande de toile, mais il suffit de la suspendre au bouton du *wai-t'ao* ou du *ma-koa tse*. Cela fait, on doit enlever les fils du chapeau de cérémonie 摘纓 *tché-ing*, ce qui

peut être fait d'une façon équivalente en les cachant avec le morceau d'étoffe *mao-t'ao*, à moins que le défunt ne soit supérieur 親長 *ts'in-tchang* de celui qui vient faire la cérémonie.   La visite de deuil se borne strictement à cette démonstration. Dès lors, le visiteur peut, s'il

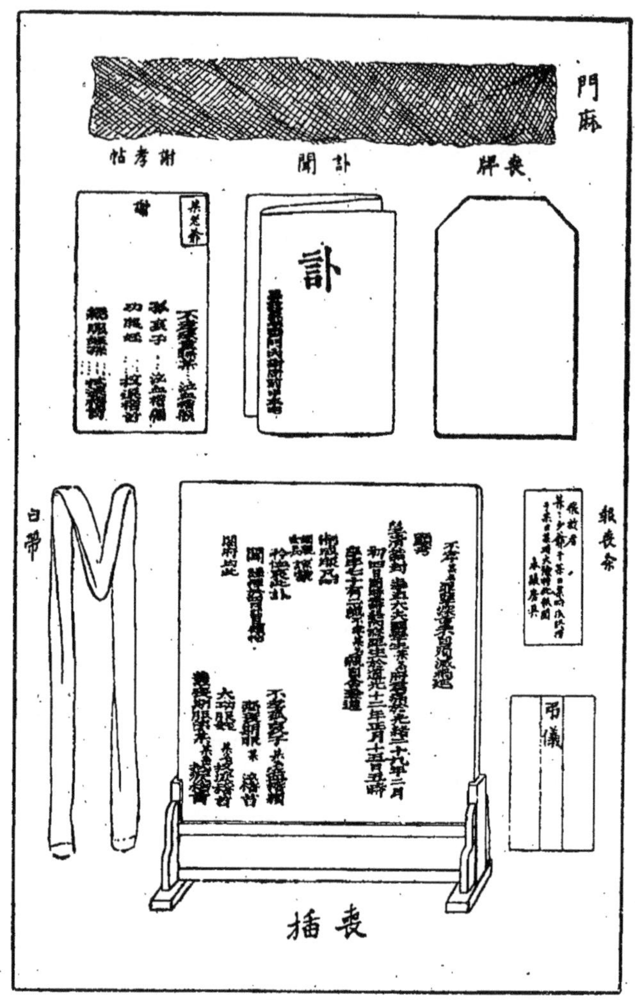

Pl. XXXVI.—Cartes de deuil.

le désire, se retirer dans une salle de réception, ou quitter la maison, s'il le préfère.

7.   Je n'entre pas dans les détails concernant la mise en bière. Je note seulement que dans les grandes familles, on place au milieu de l'appartement de la porte d'entrée 大門 *ta-men*, une sorte de paravent

喪揷 *sang-tch'a*, fait en bois et verni en blanc, sur lequel on écrit la formule 訃 聞 *pou-wen*, à peu de chose près (Pl. XXXVI.). A sa place, les familles moins distinguées se servent du 喪 牌 *sang-p'ai*, que l'on suspend par dehors à l'un des montants de la porte d'entrée (Pl. XXXVI.). Au-dessus de cette porte, toute famille portant le deuil d'un père ou d'une mère, cloue horizontalement un morceau oblong de toile de chanvre écrue 門 麻 *men-ma* (ibid.). On enlève le 喪 揷 *sang-tch'a* et le 喪 牌 *sang-pai* au bout de sept semaines 七 七 *ts'i-ts'i*; mais on doit laisser le 門 麻 *men-ma* jusqu'à la fin du deuil 滿 服 *man-fou*. De plus, pour le jour de chaque 七 *ts'i*, on colle à un montant de la porte d'entrée (au-dessous du 喪 牌 *sang-p'ai*, s'il y en a un) le 七單, 首七, 二 七, *ts'i-tan, cheou-ts'i, eul-ts'i*, etc.

8. Ces jours de *ts'i*, chez les païens on fait des superstitions, et les hôtes qui viennent font les mêmes prostrations qu'au jour de la mise en bière; aux mêmes jours, les Chrétiens récitent des prières.

9. Le jour de 成 服 *tch'eng-fou*, c'est à dire le jour où toute la parenté commence le deuil officiel, n'est point fixe. Les uns le placent au quatorzième jour après la mort 二 七 *eul-ts'i*, les autres diffèrent jusqu'à la cinquième semaine 五七 *ou-ts'i*. Avant ce jour, la famille du défunt doit préparer et envoyer à chacun des parents qui doivent porter le deuil du défunt, une ceinture blanche 白帶 *pé-tai* (Pl. XXXVI.), avec une robe blanche 白 長 衫 *pé-tchang-chan* pour les hommes; une ceinture et une camisole blanche avec un jupon blanc 白 裙 *pé-k'iun* pour les femmes. Les familles pauvres se contentent d'envoyer une ceinture blanche à tous. Pour le reste du costume de deuil, à chacun de préparer ce qu'il faut. Le jour arrivé, les parents se rendent à la maison du défunt. On fait les mêmes cérémonies que le jour de la mise en bière; on est libre de prendre l'habit de deuil dans la maison du défunt, ou avant de s'y rendre.

10. Après le 成 服 *tch'eng-fou*, on peut faire le 開 喪 *k'ai-sang*, c'est-à-dire fixer un jour où l'on reçoit officiellement les condoléances 受 弔 *cheou-tiao*. Ce jour est très variable, et peut être rejeté très loin, même après les sept semaines écoulées. Pour les mandarins défunts, on peut renouveler le *k'ai-sang* dans toutes les localités où passent leurs dépouilles. On en fait l'annonce par l'envoi d'un 帖 子 *t'ié-tse* de couleur grise 故 色 *kou-ché*, sous une enveloppe de même

couleur; sur celle-ci, on colle une bande de papier rouge bordée d'une autre bande de papier bleu clair 紅簽藍鑲 *hong-ts'ien lan-siang*: sur la bande rouge, on écrit le nom de celui à qui le jour est annoncé.

11. Avec le 帖子 *t'ié-tse*, on envoie en outre le 訃聞 *pou-wen*, où l'on détaille seulement l'âge du défunt, le jour de son décès eté. L'on énumère ensuite, à titre de signatures, les noms des descendants mâles du défunt. On y joint un 哀啟 *ngai-k'i*, sorte de biographie du défunt, où se lisent des éloges plus ou moins mérités. Dans toutes ces pièces imprimées, les lettres qui expriment le nom du règne 國號 *kouo-hao*, et celui du défunt, doivent être rouges; les autres, bleu clair, et s'il était nécessaire d'exprimer les noms des arrière-petits fils 曾孫 *tseng-suen* et 元孫 *yuen-suen* dans la souscription, on les imprimerait en lettres noires. Dans ce *pou-wen*, ainsi que dans le 謝孝帖 *sié-hiao t'ié*, on exprime le nom de celui qui est préposé aux funérailles 護喪 *hou-sang*, s'il y en a un. Les formules de ces pièces se trouvent dans les ouvrages tant de fois cités; et même, les *t'ié-tse* et les *pou-wen* se trouvent presque tout faits chez les graveurs 刻字店 *k'o-tse tien*, excepté la nomenclature et les dates. En outre, à la porte de la maison mortuaire, et à la place même que doit occuper le 七單 *ts'i-tan*, l'on affiche la date du jour où doit se faire le 領帖 *ling-t'ié*.

12. Le jour du 開喪 *k'ai-sang* étant arrivé, les parents et les amis du défunt vont faire leurs condoléances, suivant les règles données plus haut.

13. Après les sept semaines écoulées, la famille du défunt doit remercier tous ceux qui lui ont témoigné leur sympathie, 謝孝 *sié-hiao*. Pour cet effet, le maître de la maison fait une tournée en déposant à la porte de chacune des familles un 謝孝帖 *sié-hiao t'ié* en règle (Pl. XXXVI.). Les païens font cette visite de grand matin; ils passent le 謝孝帖 *sié-hiao t'ié* par la fente de la grande porte, et, le visage tourné vers elle, ils font une prostration dans la rue, et s'en vont sans jamais pénétrer dans la maison. Les Chrétiens se contentent aussi très souvent de déposer le *sié-hiao t'ié* à la porte, et passent outre sans autre cérémonie; mais s'ils entrent dans la maison, ils font une prostration au maître de la maison quel qu'il soit, même s'il leur est inférieur, et se retirent sans demeurer davantage.

14. On célèbre le soixantième jour, le centième, les anniversaires

週 年 *tcheou-nien*, d'après les règles des *ts'i*, avec plus ou moins de solennité.   Pour la dernière cérémonie, celle de l'enterrement, on distribue à l'avance le 引 狀 帖 *in-tchoang t'ié* pour annoncer la date et l'heure de cet acte solennel ; il est rédigé d'après les formules usitées. Ceux qui doivent y assister, ont à peu près les mêmes usages à observer que pour les visites de deuil.

Cette matière des funérailles a été traitée avec sa compétence ordinaire par M. de Groot dans son grand ouvrage : The Religious System of China.

APPENDICE I.

BIBLIOGRAPHIE DE LA POLITESSE CHINOISE

(par le P. Mathias Tchang, s. j.)

La "*Politesse chinoise*" ne donne peut-être que quelques idées
sur la politesse pratiquée actuellement en Chine. Si l'on veut étudier
sérieusement l'histoire de la politesse chinoise, et approfondir les
grandes cérémonies officielles, on devra consulter les ouvrages suivants:

1. 禮記 *Li-ki*, "Mémoire sur les bienséances et les cérémonies",
   ouvrage composé, dit-on, par les disciples de Confucius, vers
   l'an 300 av. J.-C.; mais son premier commentaire par 鄭
   玄 *Tcheng Hiuen* ne date que du premier siècle (environ) de
   l'ère chrétienne. Beaucoup de lettrés croient que c'est un ouvrage apocryphe plutôt que l'œuvre des disciples de Confucius.

2. 學仕遺規 *Hio-che i-koei*, "Quelques règles pour apprendre à
   devenir mandarin" (4 *kiuen* [livres]). C'est une collection des
   maximes ou de conseils recueillis dans les anciens livres.
   L'édition date de 1769; l'auteur s'appelle 陳宏謀 *Tch'en
   Hong-meou*, natif du 廣西 *Koang-si*. Édité par le 江蘇書局
   Kiang-sou chou-kiu.

3. 三禮通釋 *San-li t'ong-che*, "Explication complète sur trois
   cérémonies" (280 *kiuen*), par 林昌彝 *Lin Tch'ang-i*, licencié
   du 福建 *Fou-kien* (vers 1850). Édition de 廣州 *Koang-tcheou*
   (Canton) 1864.

4. 禮書綱目 *Li-chou kang-mou*, "Indication et explication des
   livres de cérémonies" (85 *kiuen*), par 江永 *Kiang Yong* (vers
   1640-1690). Édition de 廣州 *Koang-tcheou* (Canton) 1895.
   Cf. infrà, 8, 41.

5. 五禮通考 *Ou-li t'ong-k'ao*, "Études complètes sur cinq cérémonies" (262 *kiuen*), par 秦蕙田 *Ts'in Hoei-t'ien* (vers 1740-
   1795).

6. 典禮備要 *Tien-li pei-yao*, "Résumé des grandes cérémonies officielles" (8 *kiuen*), ouvrage anonyme, édition de 涪州 *Feou tcheou* vers 1840.

7. 讀禮通考 *Tou-li t'ong-k'ao*, "Approfondissement sur les cérémonies à étudier" (120 *kiuen*), par 徐乾學 *Siu K'ien-hio*, vers 1640.

8. 鄉黨圖考 *Hiang-tang t'ou-k'ao*, "Représentation des cérémonies dans les familles", citées par le 論語 *Luen-yu*; par 江永 *Kiang Yong*.   Cf. supra, 4, 41.

9. 三才圖曾 *San-ts'ai-t'ou-hoei*, "Collection de tous les tableaux et de toutes les peintures anciennes" (80 *kiuen*), par 王圻 *Wang Yen* (vers 1590-1630).

10. 圖書集成 *T'ou-chou-tsi-tch'eng*, "Grande collection encyclopédique" (10 000 *kiuen*), par beaucoup de lettrés sous la direction de 張廷錫 *Tchang T'ing-si*. Édition de 1735.   Voir série 經濟 *king-tsi* sur l'administration, 4e partie, sur les cérémonies, 348 *kiuen*.

11. 家寶 *Kia-pao*, "Trésor de la famille", par 石天基 *Che T'ien-ki* (vers 1659-1740).   On y traite de l'éducation d'une famille lettrée.

12. 楊氏儀禮圖 *Yang-che I-li t'ou*, "Tableaux des cérémonies d'après le *I-li*, commentés par monsieur *Yang*", par 楊慎 *Yang Chen* (1488-1559).

13. 後漢書 *Heou Han chou*, "Annales des Han postérieurs" (120 *kiuen*), par 范曄 *Fan I* (397-445).   Voir *kiuen* 39 et 40, et section 輿服志 *Yu-fou tche*, "histoire des voitures et des habits".

14. 晉書 *Tsin chou*, "Annales des Tsin" (130 *kiuen*), par l'empereur 唐太宗 *T'ang T'ai-tsong* (627-650).   Voir: a) *kiuen* 19, section 禮志 *Li tche*; b) *kiuen* 24, section 職官志 *Tché-koan tche*; c) *kiuen* 25, section 輿服志 *Yu-fou tche*.

15. 宋書 *Song chou*, "Annales des Song" (100 *kiuen*), par 沈約 *Cheng Yo* (437-510).   Voir *kiuen* 14, 15, 16, 17, 18.

16. 魏書 *Wei chou*, "Annales des Wei (ou Yuen-wei)" (114 *kiuen*) par 魏收 *Wei Cheou* (502-572).   Voir *kiuen* 108, section 禮志 *Li tche*.

17. 隋書 *Soei chou*, "Annales des Soei" (85 *kiuen*), par 魏徵 *Wei*

Tcheng (579-643). Voir: 1° 禮儀志 *Li-i tche* (*kiuen* 6 à 12); 2° 百官志 *Pé-koan tche* (*kiuen* 26 à 28).

18. 舊唐書 *Kieou T'ang chou*, "Anciennes annales des T'ang" (200 *kiuen*), par 劉朐 *Lieou K'iu* (878-944). Voir: 1° 禮儀志 *Li-i tche* (*kiuen* 21 à 27); 2° 輿服志 *Yu-fou tche* (*kiuen* 45).

19. 新唐書 *Sin T'ang chou*, "Nouvelles annales des T'ang" (225 *kiuen*), par 歐陽修 *Ngeou-yang Sieou* (1006-1072). Voir 1° 禮樂志 *Li-yo tche* (*kiuen* 11 à 23); 2° 儀衞志 *I-wei tche* (*kiuen* 23); 3° 車服志 *Kiu-fou tche* (*kiuen* 24).

20. 宋史 *Song che*, "Annales des Song" (496 *kiuen*), par 脫脫 *T'o-t'o* (1271-1327). Voir: 1° 禮志 *Li tche* (*kiuen* 98 à 125); 2° 儀衞志 *I-wei tche* (*kiuen* 143 à 149); 3° 輿服志 *Yu-fou tche* (*kiuen* 149 à 155).

21. 遼史 *Liao che*, "Annales des Liao" (116 *kiuen*), par le même 脫脫 *T'o-t'o* (1271-1327). Voir section 禮志 *Li tche* (*kiuen* 49 à 59).

22. 金史 *Kin che*, "Annales des Kin" (135 *kiuen*), par le même 脫脫 *T'o-t'o* (1271-1327). Voir section 禮志 *Li tche* (*kiuen* 28 à 39).

23. 元史 *Yuen che*, "Annales des Yuen" (210 *kiuen*), par 宋濂 *Song Lien* (1309-1381). Voir: 1° 禮樂志 *Li-yo tche* (*kiuen* 67 à 71); 2° 輿服志 *Yu-fou tche* (*kiuen* 78 à 80)

24. 明史 *Ming che*, "Annales des Ming" (336 *kiuen*), par 張廷玉 *Tchang T'ing-yu* (1671-1775). Voir 禮志 *Li tche* (*kiuen* 47 à 60).

25. 通志 *T'ong-tche*, "Histoire générale" (200 *kiuen*), par 鄭樵 *Tcheng Ts'iao* (1103-1162). Voir: 1° 禮略 *Li lio*; 2° 器服略 *K'i-fou lio*.

26. 通典 *T'ong-tien*, "Encyclopédie des règlements gouvernementaux" (200 *kiuen*), par 杜佑 *Tou Yeou* (734-812). Voir chapitres sur les cérémonies (禮 *Li*) (*kiuen* 41 à 140).

27. 續通志 *Siu T'ong-tche*, "Supplément du *T'ong-tche* (640 *kiuen*), par beaucoup de lettrés, vers 1785. Voir sections 禮略 *Li lio* et 器服略 *K'i-fou lio*.

28. 續通典 *Siu T'ong-tien*, "Supplément du *T'ong-tien*" (150 *kiuen*), par beaucoup de lettrés, vers 1785. Voir chapitres sur les

cérémonies *(kiuen* 45 à 84).

29.　文獻通考 *Wen-hien t'ong-k'ao,* "Encyclopédie des histoires" (348 *kiuen*), par 馬端臨 *Ma Toan-lin* (vers 1260-1318). Voir chapitres sur les cérémonies *(kiuen* 106 à 127).

30.　皇朝通志 *Hoang-tch'ao t'ong-tche,* "Encyclopédie de la dynastie actuelle (大清 *Ta-ts'ing)".* Voir sections 禮略 *Li lio* et 器服略 *K'i-fou lio*

31.　皇朝通典 *Hoang-tch'ao t'ong-tien,* "Encyclopédie de la dynastie actuelle" (100 *kiuen*), par beaucoup de lettrés, vers 1785. Voir chapitres sur les cérémonies *(kiuen* 41 à 62).

32.　皇朝文獻通考 *Hoang-tch'ao wen-hien t'ong-k'ao,* "Encyclopédie de la dynastie actuelle" (300 *kiuen*), par beaucoup de lettrés, vers 1785. Voir chapitres sur les cérémonies *(kiuen* 125 à 154).

33.　嘉慶會典事例 *Kia-k'ing hoei-tien che-li,* "Collection complète de toutes les affaires publiques et officielles de la cour impériale, éditée par l'Empereur Kia-k'ing" (942 *kiuen*), par beaucoup de lettrés, vers 1800.

34.　大清會典圖 *Ta-ts'ing hoei-tien t'ou,* "Tableaux des institutions de la dynastie *Ts'ing*", représentant différents instruments, armes, maisons, habits (132 *kiuen*), par beaucoup de lettrés, vers 1800. Voir surtout la section 禮制 *Li tche (kiuen* 1 à 48).

35.　大清縉紳全書 *Ta-ts'ing tsin-chen ts'iuen-chou,* "Catalogue des noms des mandarins" civils et militaires, paraissant 4 fois par an. Voir section 接見禮儀 *Tsi-kien li-i,* "cérémonies des visites officielles".

36.　禮經釋例 *Li-king che-li,* "Explication des règles du Livre des cérémonies", par 凌廷堪 *Ling T'ing-k'an,* vers 1800. Ouvrage contenu dans la collection du 皇清經解 *Hoang-ts'ing king-kiai.*

37.　弁服釋例 *Pien-fou che-li,* "Explication des règles des chapeaux et des habits", par 任大椿 *Jen Ta-tch'oen,* vers 1820. Ouvrage contenu dans la collection du 皇清經解 *Hoang-ts'ing king-kiai.*

38.　羣經宮室圖 *K'iun-king kong-che t'ou,* "Représentation des palais et des maisons mentionnés dans les livres classiques", par 焦循 *Ts'iao Siun,* vers 1870. Ouvrage contenu dans la collection du 經 解 續 編 *King-kiai siu-pien.*

39. 士 昏 禮 對 席 圖 *Che hoen-li toei-si t'ou,* "Représentation du banquet nuptial des lettrés", par 俞 樾 *Yu Yué,* docteur académicien (actuellement vivant), édition de 1870. Ouvrage contenu dans la collection du 經 解 續 編 *King-kiai siu-pien.*

40. 儀 禮 圖 *I-li t'ou,* "Tableaux représentant les cérémonies du *I-li*", par 張 惠 言 *Tchang Hoei-yen,* vers 1800. Ouvrage contenu dans la collection du 經 解 續 編 *King-kiai siu-pien.*

41. 儀 禮 釋 例 *I-li che-li,* "Explication des règles du *I-li* (cérémonies)", par 江 永 *Kiang Yong* (Cf. supra, 4, 8). Ouvrage contenu dans la collection du 經 解 續 編 *King-kiai siu-pien.*

42. 禮 論 答 問 *Li-luen ta-wen,* "Réponses aux questions sur les cérémonies", par 徐 廣 *Siu Koang,* vers 1300. Ouvrage contenu dans la collection du 經 解 續 編 *King-kiai siu-pien.*

43. 禮 記 外 傳 *Li-ki wai-tchoan,* "Quelques passages perdus du *Li-ki*", par 成 伯 璵 *Tch'eng Pé-yu,* vers 1800. Ouvrage contenu dans la collection du 玉 函 山 房 *Yu-han-chan-fang.*

44. 問 禮 俗 *Wen li-siu,* "Recherches sur la pratique des cérémonies", par 董 薰 *Tong Hiun,* vers 500. Ouvrage contenu dans la collection du 玉 函 山 房 *Yu-han-chan-fang.*

45. 略 注 喪 服 經 傳 *Lio-tchou sang-fou-king tchoan,* "Petit commentaire sur le livre des funérailles", par 留 宗 次 *Lieou Tsong-ts'e,* vers 1100. Ouvrage contenu dans la collection du 玉 函 山 房 *Yu-han-chan-fang.*

46. 禮 傳 *Li-tchoan,* "Explication des cérémonies", par 荀 爽 *Siun Choang,* vers 230. Ouvrage contenu dans la collection du 玉 函 山 房 *Yu-han-chan-fang.*

47. 禮 雜 問 *Li tcha-wen* "Diverses questions sur les cérémonies", par 范 寧 *Fan Ning,* vers 390. Ouvrage contenu dans la collection 玉 函 山 房 *Yu-han-chan-fang.*

48. 禮 義 答 問 *Li-i ta-wen,* "Réponses aux questions sur le sens des cérémonies", par 王 儉 *Wang Kien,* vers 500. Ouvrage contenu dans la collection du 玉 函 山 房 *Yu-han-chan-fang.*

49. 喪 服 難 問 *Sang-fou nan-wen,* "Questions difficiles sur les habits de deuil", par 崔 凱 *Ts'oei K'ai,* vers 1200. Ouvrage contenu dans la collection du 玉 函 山 房 *Yu-han-chan-fang.*

50. 三禮圖 *San-li t'ou*, "Tableaux des trois cérémonies", par 鄭玄 *Tcheng Hiuen*, vers le commencement du Ier siècle. Ouvrage contenu dans la collection du 玉函山房 *Yu-han-chan-fang*.

51. 喪服變除圖 *Sang-fou pien-tch'ou t'ou*, "Tableaux sur les changements des habits de deuil", par 射慈 *Ché Ts'e*, vers 240. Ouvrage contenu dans la collection du 玉函山房 *Yu-han-chan-fang*.

52. 新定禮 *Sin-ting li*, "Cérémonies récemment établies", par 劉標 *Lieou P'iao*, vers 230. Ouvrage contenu dans la collection du 玉函山房 *Yu-han-chan-fang*.

53. 三禮義宗 *San-li i-tsong*, "Sens fondamentaux des trois cérémonies", par 崔靈恩 *Ts'oei Ling-ngen*, vers 550. Ouvrage contenu dans la collection du 玉函山房 *Yu-han-chan-fang*.

54. 婚禮謁文 *Hoen-li yé-wen*, "Textes des salutations officielles du mariage", par 鄭衆 *Tcheng Tsong*, vers 120. Ouvrage contenu dans la collection du 玉函山房 *Yu-han-chan-fang*.

55. 集注喪服經傳 *Tsi-tchou sang-fou king tchoan*, "Collection des commentaires sur le livre des funérailles", par 孔倫 *K'ong Luen*, vers 400. Ouvrage contenu dans la collection du 玉函山房 *Yu-han-chan-fang*.

56. 祭典 *Tsi-tien*, "Institut des sacrifices", par 范汪 *Fan Wang*, ver 380. Ouvrage contenu dans la collection du 玉函山房 *Yu-han-chan-fang*.

57. 冠禮約制 *Koan-li yo-tche*, "Résumé sommaire des cérémonies du mariage", par 何休 *Ho Hieou*, vers 200. Ouvrage contenu dans la collection du 玉函山房 *Yu-han-chan-fang*.

58. 漢儀 *Han-i*, "Cérémonies de la dynastie des Han", par 叔孫通 *Chou-suen T'ong*, vers 100. Ouvrage contenu dans la collection du 後知不足齋叢書 *Heou-tche-pou-tsou-tchai ts'ong-chou*

59. 漢舊儀 *Han kieou-i*, "Anciennes cérémonies de la dynastie des Han", par le même. Ouvrage contenu dans la collection du 後知...... *Heou-tche-pou-tsou-tchai ts'ong-chou*.

60. 漢官儀 *Han-koan i*, "Cérémonies des mandarins des Han", par le même. Ouvrage contenu dans la collection du 後知...... *Heou-tche-pou-tsou-tchai ts'ong-chou*, et dans celle du 十萬卷樓叢書 *Che-wan-kiuen-leou ts'ong-chou*.

61. 儀禮集釋 *I-li tsi-che*, "Collection des explications sur les cérémonies", par *Lei Jou-koei*, vers 1189. Ouvrage contenu dans la collection du 聚珍叢書 *Tsiu-tchen ts'ong-chou*.

62. 漢官舊儀 *Han-koan kieou-i*, "Anciennes cérémonies des mandarins des Han", par 衛宏 *Wei Hong*, vers 180. Ouvrage contenu dans la collection du 聚珍叢書 *Tsiu-tchen ts'ong-chou*.

63. 讀禮問 *Tou-li wen*, "Questions sur la manière d'observer le deuil", par 吳肅公 *Ou Sou-kong*, vers 330. Ouvrage contenu dans la collection du 昭代叢書 *Tchao-tai ts'ong-chou*.

64. 三年服制考 *San-nien fou-tche k'ao*, "Recherches sur les habits du deuil de trois ans" (deuil du père et de la mère), par 毛奇齡 *Mao K'i-lin*, vers 1640-1720. Ouvrage contenu dans la collection du 昭代叢書 *Tchao-tai ts'ong-chou*.

65. 約喪禮經傳 *Yo sang-li-king tchoan*, "Résumé des textes du livre classique sur les funérailles", par 吳卓信 *Ou Tcho-sin*, vers 1780. Ouvrage contenu dans la collection du 昭代叢書 *Tchao-tai ts'ong-chou*.

66. 饗禮補亡 *Hiang-li pou-wang*, "Supplément des textes perdus sur la cérémonie du banquet", par 諸錦 *Tchou Kin*, vers 1742. Ouvrage contenu dans la collection du 昭代叢書 *Tchao-tai ts'ong-chou*.

67. 儀禮古今考 *I-li kou-kin k'ao*, "Recherches sur les cérémonies anciennes et modernes du I-li", par 李調元 *Li T'iao-yuen*, vers 1760. Ouvrage contenu dans la collection du 函海 *Han-hai*.

68. 四禮辨俗 *Se-li pien-siu*, "Réfutation sur la banalité des quatre cérémonies", par 李元春 *Li Yuen-tch'oen*, vers 1834. Ouvrage contenu dans la collection du 青照堂叢書 *Ts'ing-tchao-t'ang ts'ong-chou*.

APPENDICE II.

LES NATTES 龍鬚席 *long-siu si*

par le P. F. Courtois, S. J. (柏永年)

(Voir chap. VI, p. 41).

Il a paru intéressant de rechercher quelle est la plante qui fournit les nattes 龍鬚席 *long-siu (sou) si.*

Le Docteur Bretschneider, dans le Dictionnaire de Piry, p. 822, traduit 龍鬚菜 *long-siu ts'ai* (*ts'ai* herbe, légume), par *Asparagus gibbus* (Bunge). On est un peu étonné tout d'abord de voir sortir d'une asperge des fibres propres à faire des nattes (1).

Perny, que, d'ailleurs, Bretschneider est le premier à déclarer sans autorité en Botanique chinoise, s'accorde ici avec lui : il traduit *Asparagus falcatus* par *long-siu ts'ai*, auquel il donne pour synonyme 天門冬 *t'ien-men tong*. L'*Asp. falcatus* (L.) est spécial à l'Inde et à Ceylan; mais s'il s'agit de l'*Asp. falcatus* (Benth.), c'est une plante tellement voisine de l'*Asp. lucidus* (Lind.) qu'elle s'identifie proba-blement avec elle. Or *Asp. lucidus* est commun sur tout le littoral de la Chine. Nous pouvons ajouter que *t'ien-men tong*, d'après le texte et une planche excellente du 植物名實圖考 *Tche-ou-ming che-t'ou-k'ao*, l. 22, p. 9, est bien l'*Asp. lucidus* (Lind.). Mais il faudrait prouver que *t'ien-men tong* est synonyme de *long-siu ts'ai*.

D'un autre côté, le même Bretschneider (*Botanicon sinicum*, part. II, p. 273) nous apprend que "de très délicates nattes fabriquées, dit-on, dans l'intérieur de la Chine, sont vendues à Pé-king sous le nom de *long-siu si*; la plante 龍鬚 *long-siu*, aussi appelée 石龍芻 *che-long tch'ou*, est signalée dans le 本草綱目 *Pen-ts'ao kang-mou*, comme plante à fabriquer des nattes". Or, d'après les déterminations de Matsumura, n° 1198, le *che-long tch'ou* est le *Juncus balticus* (Detharting).

____

(1) Selon le 博物志 *Po-ou-tche*, 3ᵉ siècle après J.-C., le *t'ien-men tong*, qui est une asperge, serait une plante piquante dont la racine, après ébullition, fournirait des fibres textiles. Il y a peut-être quelque confusion dans ces renseignements.

Consultons donc les botanistes chinois.

Le *Pen-ts'ao kang-mou* (fig. 533, et lib. 28, p. 21) décrit le *long-siu ts'ai*. Ce n'est pas un *Asparagus* très certainement. Divers auteurs européens ont cru y voir un *Cyperus* ou un *Scirpus*. Voici la légende dont 李時珍 *Li Che-tcheng* accompagne son dessin : "Le *long-siu ts'ai* pousse au bord de la mer du Sud-Est, sur les pierres ; il pousse en touffes, sans branches ni feuilles. ... on peut le faire cuire et le manger [soit seul, soit avec de la viande] ; sa couleur est le blanc ; à son maximum de croissance, il a plus d'un pied".—Comme les Chinois mangent à peu près toutes les herbes qui ne sont pas vénéneuses, au moins à l'état de jeunes pousses ou de turions, ce texte ne lève guère l'indécision de la figure.

Au livre 15 du même ouvrage, fig. 174, nous trouvons le 石龍芻 *che-long tch'ou* avec une abondante synonymie : 龍鬚 *long-siu* (barbe du dragon), 龍修 *long-sieou* (ornement du dragon), 龍華 *long-hoa* (fleur du dragon),... 懸莞 *hiuen-koan* (jonc à suspendre ?)... 西王母簪 *Si-wang-mou tsan* (épingle de tête de la déesse *Si-wang-mou*), etc. Il pousse dans les endroits où il y a des pierres et de l'eau ; on peut le couper et le lier pour en nourrir les chevaux ; les hommes de Cu (le royaume de 吳 *Ou* eut pour métropoles 無錫 *Ou-si* et 蘇州 *Sou-tchcou* dans le *Kiang-sou)* en font des nattes appelées *Si-wang-mou si* ou nattes de la déesse *Si-wang-mou* (席 *si*, nattes). Le 神農本草經 *Chen Nong pen-ts'ao king* (herbier de l'empereur *Chen Nong*, 2800 A-C) identifiait déjà *che-long tch'ou* et *long-siu ts'ao*.

Le fig. 175 nous donne le 龍常草 *long-tch'ang ts'ao;* d'après le commentaire, il ressemble au 龍芻 *long tch'ou;* le 爾雅 *Eul ya* l'appelle 蔍鼠莞 *pi chou koan* ou jonc des rats ; au dire de 郭璞 *Kouo p'o* (Ier siècle de notre ère), il est délié et ressemble au *long-siu*, enfin il peut faire des nattes et le meilleur est celui de *Chou* (le *Se-tch'oan* actuel).

La figure suivante, 176, représente le 燈心草 *teng-sin ts'ao*, qui a pour synonyme 虎鬚草 (*hou-siu ts'ao*, barbe de tigre). Un long commentaire nous apprend qu'il pousse au *Kiang-nan* (le *Kiang-si* actuel), dans les lieux humides, en touffes, que sa tige est grêle et ronde, et qu'on en fait des nattes —Au *Chen-si* on le fait bouillir, puis sécher ; alors on le brise et on en retire la moelle pour en faire des mèches de lampe. — Il est hors de doute, si l'on jette les yeux sur la figure du *Tche-ou-ming*, lib. 14 p. 37, que le *teng-sin ts'ao* est un *Jun-cus*, et à peu près certain que c'est le *Juncus effusus* (L.). Cette con-clusion est appuyée du témoignage du Dr. A. Henry, "Chinese names of Plants", n° 450 (in Journal of the China Branch of the Royal Asia-tic Society, 1887)(1). *Li Che-tcheng* ajoute: "C'est une espèce de *long-siu;* seulement le *long-siu* est plus mince, moins long, et le milieu est plein".

Ainsi le *long-siu*, qui est semblable à tous ces joncs, doit être lui-même un jonc.

Le *Eul ya*, dont on vient de parler, nous conduirait au même résultat, avec l'aide de commentateurs 郭 璞 *Kouo p'o,* 邢 昺 *Hing ping*, le 說 文 *chouo wen*, le 古 今 圖 書 *kou kin t'ou chou*. Par-mi les figures relatives aux plantes, les n°s 16, 52 et 150 sont tout à fait semblables; la 1ère et la 3e sont des joncs, et on nous dit, à pro-pos des deux premières (蔜 鼠 莞 *pi chou koan* jonc des rats, et 芍 鳧 茈, *cho fou-ts'e)*, qu'elles ressemblent au *long-siu*. Quant à la der-nière, elle ressemble au 莞 蘭 *koan-lin*, et celui-ci est une espèce de jonc. Or Kæmpfer (Amœnit. exot. 900), cite cette plante 蘭 *lin*, qu'il nomme Rin, comme servant à faire de très beaux tapis. Thun-berg (Fl. jap. 145) et Siebold (Synopsis pl-œcon. jap. 47) identifient *lin* avec *teng-sin ts'ao* et avec *Juncus effusus* (L.).

Il y a, sans doute, pas mal d'imprécision dans nos textes, et non moins dans les figures. Un seul ouvrage le *Tche-ou-ming* semble échapper à ce reproche; mais il l'encourt formellement en d'autres passages (l. 11, p. 39, — l. 21, p. 8...).

Néammoins on peut affirmer, semble-t-il, que le *long-siu ts'ao* qui donne le *long-siu si* n'est pas un *Asparagus*; il pourrait être un *Cyperus* ou un *Scirpus;* plus probablement c'est un *Juncus* et alors ce serait le *J. effusus* (L.), ou encore le *J. Leschenaultii* (Gay.), peut-être le *J. bufonius* (L.), mais pas le *J. balticus* (Deth.) qui n'est signalé

---

(1) Parker (même Journal, 1884), énumérant les plantes de la même région, (environs d'*I-tch'ang*, au *Hou-pé*), fait du *teng-sin ts'ao* le *Scirpus scapularis* (évidem-ment pour *Sc. capsularis* Lour.), aux n°s 228 et 147. Mais le Dr Henry avait fait iden-tifier ses échantillons à Kew. Il est clair que *teng-sin ts'ao* signifiant la plante à faire des mèches de lampe peut être appliqué à des plantes différentes suivant les lieux, et même, peut-être, dans un même endroit.—Parker, au n° 23 du même écrit, définit un *Asparagus* non spécifié: "A species of *long-siu ts'ai*".

par aucun auteur parmi les plantes chinoises (Debeaux, Fauvel, Henry, Williams, Porter Smith, Parker, Bretschneider, les Plantæ Davidianæ, etc.). Toute solution se heurtera à des difficultés d'interprétation textuelle, et encore à cette autre, que les plantes signalées sont communes, qu'elles fournissent des tapis vulgaires, et que le *long-siu si* est une natte de luxe. Serait-il permis de supposer, malgré les textes, que ce luxe est dû à un procédé spécial de fabrication ? Il faudrait qu'un botaniste vît de ses yeux un atelier.

Le *Juncus effusus* n'est pas le seul à fournir des nattes au peuple chinois; les autres joncs, diverses Cypéracées, quelques Graminées comme le Bambou, le *Phragmites communis* (L.), et d'autres encore sont mises à contribution en divers endroits. A Canton, par exemple, le D[r]. Hance nous apprend qu'on utilise surtout le *Cyperus tegetiformis* (Roxb.), et le *Lepironia mucronata* (Rich). (Journal of Botany, 1879, p. 99).

Sur le nom *long-siu*, barbe de dragon, 崔 豹 *Ts'oci Pao* (4e siècle) nous explique que lorsque l'empereur 黃 帝 *Hoang Ti* (mort l'an 2637 A.C.) monta au ciel sur un dragon, ses ministres s'emparèrent des moustaches de celui-ci. Ces moustaches plantées en terre ont produit le *long-siu*.

APPENDICE III.

LES FOURRURES CHINOISES

par le P. F. Courtois, S. J. (柏 永 年)

(V. chap. V, pp. 24, 25, 33).

En dehors des animaux cités dans le texte, on peut nommer encore les grands fauves, les Cervidés,quelques Singes. Leurs dépouilles sont d'usage plus ou moins courant en dehors des cérémonies.

Le Tigre habite,en petit nombre,il est vrai, toutes les montagnes boisées de l'Empire chinois. Au Nord, vers Péking, en Mongolie, en Corée, sa robe est magnifique,variant d'ailleurs du brun noir au blanc parfait. Une peau de tigre de Mandchourie vaut, dit-on, le double d'une peau de tigre du Bengale.

Il y a plusieurs félins à taches en rosace : le *Felis pardus* (L.), qui se trouve surtout dans le Sud, le *F. Fontanieri* (A. M.-Edw.), du *Tche-li* et de la Mongolie, où les Chinois le nomment 金 錢 豹 *kin-ts'ien pao*, panthère à sapèques d'or, le *F. irbis* (Ehr.) que les Chinois désignent sous le même nom que le précédent, et qui est souvent appelé l'Once par les Européens, à tort. Il faut peut-être ajouter une panthère à taches en triangles très effilés, nommée dans les environs de Kalgan 艾 葉 豹 *ngai-yé pao*, panthère à feuilles d'armoise; quelques chasseurs de ces parages disent aussi qu'il s'y trouve une panthère noire, très rare, et qui n'est,probablement,qu'une variété atteinte de mélanisme.

Le Loup, *Canis lupus* (L.) 狼,豺 狼, *lang, tch'ai-lang*, se rencontre partout. L'abbé A. David cite un loup d'un gris presque blanc redoutable aux hommes mêmes, un autre jaunâtre, un troisième blanchâtre à queue courte, et enfin une sorte de grand loup noirâtre, appelé *pé siou*, et qui mangerait les loups communs (?); ce n'est sans doute pas un loup. Les autres semblent n'être que des variétés du

Canis lupus (L.). On voit chez les fourreurs de *Chang-hai* de belles peaux de loup d'un blanc à peu près pur, avec quelques plages gris de souris.

D'autres Carnivores sont peu utilisés, les Ours, par exemple; leur poil est trop grossier. Il en serait de même, sous la réserve d'une remarque qui sera faite un peu plus bas, du splendide *Ailurus fulgens* (F. Cuv.), Panda, en chinois 山之娃 *chan-tche wa*, enfant de la montagne, qui habite les deux versants de l'Himalaya et les montagnes du *Se-tch'oan*.

Un certain nombre de Cervidés donnent des fourrures. Outre l'*Hydropotes inermis* (Sw.) ou chevreuil de *Chang-hai*, 麞 *tchang*, qui vit sur les rives du Fleuve Bleu, et les cerfs, cervules et Panolias méridionaux, on trouve soit dans les massifs de l'Ouest, soit dans les régions septentrionales les *Cervus mandchuricus* (Sw.) et *mandarinus* (A. M.-Edw.), 梅花鹿 *mei-hoa lou*, cerfs à fleurs de prunier, le *Cervus xanthopygus* (A. M.-Edw.), forme locale, semble-t-il, du *C. elaphus* (L.), en chinois 馬鹿 *ma lou*, cerf-cheval, le *C. pygargus* (Pall.), 麅鹿 *p'ao lou* ou chevreuil de Tartarie, puis encore un Muntjac, un *Elaphodus* et enfin l'*Elaphurus Davidianus* (A.M.-Edw) 麋鹿 *mi lou*, 四不像 *se pou siang* (c.-à-d. cerf aux quatre notes incompatibles). Ce dernier animal n'est ici que pour mémoire; car l'abbé A. David l'a découvert confiné dans le parc impérial de 南海子 *nan-hai-tse*, à une lieue au Sud de Péking, et, s'il faut en croire les journaux, ce parc aurait été saccagé à fond en 1900. C'est une perte déplorable pour la science; mais le commerce des pelleteries ne s'en est pas ressenti.

Trois singes, le *Macacus lasiotis* (A. Gray), le *M. thibetanus* (A. M.-Edw.) 黃猴 *hoang heou* singe jaune et le *Rhinopithecus Roxellanæ* (A. M.-Edw.) 金青猴 *kin-ts'ing heou* singe brun doré, habitent des localités assez froides pour que leurs poils longs et bien fournis soient utilisés; ils sont plutôt rares. Un manteau fourré de *Rhinopithecus Roxellanæ* vaudrait, selon des connaisseurs chinois, trois à quatre cents taëls.

Arrivons aux animaux énumérés dans le texte.

狐狸 *hou li* (pp. 24, 33). C'est, à Péking et en beaucoup d'autres endroits, le nom générique du renard. Au Nord, on a signalé le renard d'Europe, *Vulpes vulgaris* (L.) et le *V. melanogaster* (Ch. Bon.) qui en est, sans doute, une simple variété; au Sud, dans le *Koang-tong* et le *Fou-kien*, d'où il remonterait jusque vers le *Hoang-ho*, c'est le *Canis houly* (Sw.); sur les hautes collines du *Fou-kien*, on trouve en outre le *Canis lineiventer* (Sw.). Mais d'après des renseignements que nous ont fournis des correspondants de *Ou-hou*, Péking, *Si-wan-tse* (Mongolie chinoise), il faut comprendre encore sous la dénomination *hou-li*, l'Adive ou Corsac, *Canis Corsac.* (Pall.) 沙狐 *cha hou,* renard de sable, assez peu estimé des fourreurs, le Raton, *Nyctereutes procyonoïdes* (A. Gray), 窩狐 *wo hou,* 果子狸 *kouo-tse li,* 貉子 *ho tse,* et même plusieurs chats sauvages, *Felis manul* (Pall.), *F. viverrina* (Benn.) peut-être les *F. scripta, tristis* et *microtis* (A. M.-Edw.), tous désignés plus ou moins vaguement par les noms chinois 狸 *li,* 狸子 *li-tse,* 貓豹子 *mao pao tse,* chat léopard, 偷雞豹子 *teou ki pao-tse,* léopard voleur de poules, etc. On apporte de Russie un 火狸 *houo li,* renard de feu, et de l'Océan glacial un 白狐狸 *pé hou-li,* renard blanc. Le premier serait-il le *Canis Caragan* (Pall.)? ou le *C. rutilus* (Pall.) 小紅狼 *siao hong lang,* petit loup rouge? ou enfin le Panda nommé plus haut? Mais ce dernier ne vient pas de Russie. Le renard blanc n'est probablement que le *Vulpes vulgaris* en robe d'hiver ou affecté d'albinisme.

貂, 貂鼠 *tiao, tiao-chou* (pp. 22, 33) est la zibeline, *Mustela zibelina* (L.) dont la fourrure d'hiver, en Sibérie, est grisâtre tirant sur le noir; c'est la plus estimée. Mais il y a plusieurs variétés commerciales, et même artificielles. C'est ainsi qu'on teint en bleu violet la fourrure cendrée d'un certain *tiao,* pour en faire un 紫貂 *tse-tiao,* zibeline violette. Ce "truquage" et quelques autres se pratiquent aussi en Europe. Il est à croire également que, pour des raisons étrangères à la science, et peut-être à la probité, on confond sous le nom de *tiao* plusieurs animaux très différents. Le *tiao-chou,* dit-on, ne vaut que le tiers du *tse-tiao,* dont le prix est encore dépassé par le 台貂 *t'ai-tiao,* petit animal à poils épais et de belle couleur, tandis que le Japon fournirait, à bas prix, un 洋貂 *yang-tiao;* mais ce dernier mangerait des graines de pin, ce qui oblige à le chercher parmi les Écureuils ou les Loirs.

灰鼠 *hoei-chou* (p. 24). Remarquons que le caractère 鼠 *chou,* traduit par rat dans les dictionnaires, a un sens plus étendu et moins

précis. Le *chou* est un mammifère assez et même très petit, d'allures
vives, à poils soyeux et épais, à queue longue plus ou moins velue,
d'habitudes plutôt nocturnes, d'ailleurs carnivore, insectivore ou ron-
geur. Putois, écureuil, taupe, rat, marmotte, gerboise etc., sont des
chou. Ce mot n'a donc pas d'équivalent français, et *hoei-chou* doit se
dire : le *chou* cendré. Möllendorf (Journal of the North-China Branch
of the Royal Asiatic society, 1877, p. 58) l'identifie avec le *Sciurus
Davidianus* (A. M.-Edw.), et fait du 松鼠 *song-chou*, *chou* des pins,
le *Sc. vulgaris* (L.) var. *nigra*. Cela doit être vrai pour le Tche-li, mais
il ne faudrait pas généraliser; car *song-chou* désigne, suivant les
régions, le *Sc. Davidianus*, le *Sc. Mac-Clellandi* (Horsf.), le *Sc. chinensis* (Gray) et d'autres. Quant au *hoei-chou*, son nom même ne permet
guère de l'attribuer à l'une ou l'autre de ces espèces. S'il faut en croire des renseignements reçus de Mongolie avec une belle peau de *hoei
chou* authentique, malheureusement sans queue ni pattes, ce serait le
petit-gris. On sait que l'écureuil d'Europe, *Sc. vulgaris* (L.) présente
une assez grande variété de teintes; une de ces races, du Nord de
l'Europe et de la Sibérie, se revêt, en hiver, d'un costume gris ardoisé
ou gris d'argent, qui constitue le petit gris. Le *hoei-chou* du Musée de
Zi-ka-wei est d'un gris cendré uniforme avec une ligne dorsale inter-
rompue d'un fauve rougeâtre léger, la face d'un roux plus accentué,
les pinceaux auriculaires d'un beau noir et la partie inférieure du
corps d'un blanc de neige très pur. On confond peut-être aussi avec
le *hoei-chou* d'autres animaux plus ou moins semblables : le Souslik
de Mongolie, *Spermolegus mongolicus* (A. M.-Edw.) 黃鼠 *hoang-chou*,
sorte de marmotte de la taille d'un écureuil et qui chante comme un
oiseau, un autre Souslik, *Sp. Eversmanni* (Brandt), des Zocors ou
rats-taupes, *Siphneus psilurus*, *Siph. Armandi*, *Siph. Fontanieri* (A.
M.-Edw.) etc., en chinois 瞎老鼠 *hia lao-chou*, rat aveugle, des Rhi-
zomys, peut-être même des Gerboises : *Dipus jaculus* (Pall.) *Dipus
annulatus* (A. M.-Edw.) 跳鼠 *t'iao-chou*, *chou* sauteur, malgré leur
petitesse.

銀鼠 *in-chou* (pp. 24, 33) représente l'Hermine, *Putorius her-
minea* (Less.); la plus belle est celle de Sibérie, entièment blanche en
hiver.

飛鼠 *fei-chou*, (pp. 24, 33) *chou* volant. Nombre de Chinois
anciens et actuels entendent par là la chauve-souris, autrement 蝙蝠

pien-fou. Mais *fei-chou* signifie encore, et c'est ici le seul sens acceptable, un Écureuil volant. On connaît, en Chine, les *Pteromys xanthipes, alborufus* et *melanopterus* (A. M.-Edw.); il semble inutile de songer aux espèces méridionales; mais on pourrait ajouter, de la Sibérie, le Polatouche, *Sciuropterus volans* (F. Cuv.)

海 龍 *hai-long* (p. 33), dragon marin. Malgré l'autorité de Möllendorf (loc. cit. p. 53), qui fait de *hai-long* un synonyme de 海 獺 *hai-t'a*, loutre marine *Enhydris marina* (Schr.), il ne paraît pas douteux qu'il s'agit d'un Phoque, soit le Veau marin *Callocephalus vitulinus* (F. Cuv.), soit le *Phoca (Callocephalus) nummularia* (Schl.), du Japon, soit un Phoque qui existe, dit-on, dans le Baïkal, soit plus probablement encore un Otarie, v. g. l'Ours marin *Arctocephalus ursinus* (F. Cuv.) ou le Lion marin, *Otaria Stelleri* (Tem. et Schl.). Cette supposition s'appuie, en particulier sur l'abondance du poil que les fourreurs et les ouvrages chinois reconnaissent au *hai-long*, et sur l'existence de petites oreilles que lui attribue, entre autres, le 三 才 圖 *san ts'ai t'ou* (aux synonymes de *hai-t'a* dont la figure est bien celle d'un phocidé). Les Phoques proprement dits sont dépourvus d'oreille extérieure.

騷 鼠 *sao-chou* (p. 33). Le caractère 騷 est mis ici pour 掃 *sao* balayer. L'animal ainsi désigné est le 掃 雪 ou 掃 雪 鼠 *sao-sué, sao-sué chou, chou* balayeur de neige (avec sa longue queue), qui n'est autre que notre Fouine *Martes foina* (L.). Sa peau est belle, et coûte presque un taël sur la place de *Si-wan-tse;* c'est dire qu'elle n'y abonde pas. Le même nom désigne peut-être, en outre, le *Putorius Fontanieri* (A. M.-Edw.), le *Put. Eversmanni* (Gray), le *Mustela sibirica* (Pall.). Cette dernière, assez commune dans toute la Chine, fréquente les lieux enclos et les maisons, détruisant serpents et rats; c'est à elle que s'applique surtout le nom 黄 鼠 狼 *hoang-chou lang*. Il y a encore d'autres Putois au Sud et à l'Ouest.

獺 皮 *t'a-p'i* (p. 33). *t'a* est une loutre. La Loutre d'Europe, *Lutra vulgaris* (L.) se trouve dans le bassin de l'Amour; dans une bonne partie de la Chine, surtout vers le Sud, on a la *Lutra chinensis* (Gray); c'est elle que les Chinois nomment 水 獺 *choei-t'a* et qu'ils estiment le moins, comme fourrure; ils la dressent fréquemment à la pêche. Le 海 獺 *hai-t'a* est la Loutre marine *Enhydris marina*

(Schr.), fourrure extrêmement belle et devenue très rare. C'est pour cela, sans doute, que les fourreurs appellent *hai-t'a* des Loutres d'eau douce pas trop différentes de l'*Enhydris*. L'une d'elles vit dans le Yalou; la plus estimée est le 西藏獺 *si-tsang t'a*, loutre du Tibet, des frontières occidentales de l'Empire.

猞猁猻 *ché-li-suen* (p.25). Ces caractères ne se trouvent pas dans les Lexiques; on a donc affaire à une expression exclusivement parlée, "colloquiale", ce qui rend impossible une recherche dans les livres chinois. Selon Piry (Dictionnaire, p. 806), "une fourrure du genre loup se vend sous ce nom à Péking; l'animal est, dit-on, un hybride entre le singe et le loup (?)". Le (?) est superflu. D'autres disent "un hybride entre le loup et le renard", ce qui se rapproche au moins un peu de la vraisemblance. Enfin on nous écrit que c'est une sorte de renard des environs de Kalgan. A *Ou-hou*, *ché-li-suen* est aussi appelé 瑪瑙皮 *ma-nao-p'i*, peau d'agate; sa couleur est le jaune cendré; les poils huileux et grossiers en font un vêtement peu distingué. Est-ce un blaireau? Mais *ché-li* (distingué de *ché-li-suen*) à *Ou-hou*, et *ché-li-suen* à Péking se présentent sous trois colorations, grise plus ou moins noire 草猞猁 *ts'ao ché-li*, rouge 馬猞猁 *ma ché-li*, et blanche 洋猞猁 *yang ché-li* ("noir comme fer, blanc comme neige, rouge comme feu" nous écrit-on élégamment de Péking). C'est une peau très rare et très chère. S'il s'agit d'une espèce réellement définie, on ne peut guère songer qu'au Renard bleu ou *Isatis, Canis lagopus* (L.), qui suivant l'âge, le sexe et les saisons est d'un noir presque pur, d'un gris roux, entièrement blanc, ou d'un gris cendré bleuâtre qui est la teinte la plus appréciée. Mais Kalgan n'est pas la patrie de l'*Isatis*, qui ne paraît guère au-dessous du 60° de latitude Nord; il n'est qu'un entrepôt de cette fourrure. Cette identification est rendue presque certaine 1° parce qu'un commerçant de *Chang-hai* nous a cité une robe fourrée de cette peau, qui s'était vendue 600 taëls, et une autre 1400; 2° parce que le même commerçant expliquait que le renard en question d'abord blanc, passe au gris puis au rouge, et enfin au noir, confondant, comme on voit, et même renversant un peu l'ordre des colorations, s'il est vrai que les vieux mâles seuls soient d'un blanc pur. Mais cette confusion doit être mise sur le compte de là distance qui sépare *Chang-hai* de la Mer Glaciale; 3° parce que, de Mongolie, on nous écrit que le *ché-li* est inconnu, à l'état vivant, dans cette contrée.

珠 皮 *tchou p'i*, 草 上 霜 *ts'ao-chang choang*, givre sur l'herbe. (pp, 24,25,33) Le *tchou p'i* serait la toison de jeunes agneaux, blanchie et frisée par l'industrie; cette fourrure est commune. Mais il paraîtrait qu'elle n'est qu'une imitation du véritable *tchou-p'i*. Celui-ci serait importé de Mandchourie, suivant les uns, ou même d'Europe suivant les autres qui le nomment encore 青 種 羊 *ts'ing-tchong yang;* on dit aussi qu'il se confond avec le *ts'ao-chang choang*, lequel est de Mongolie. Ces témoignages concordent assez imparfaitement; ils se rapportent sans doute à plusieurs animaux, moutons, chèvres, antilopes: mouton d'Astracan, chèvre du Tibet, Nahoor, Argali 盤 羊 *p'an-yang*, *Ovis jubata* (Pet.), *Antilope (Nœmorhedus) caudata* (A. M.-Edw.), *Antilope gutturosa* (Pall.). Cette dernière antilope, 黃 羊 *hoang-yang*, chèvre jaune, présente des variétés assez blanches. Quant à *l'Antilope caudata*, son nom chinois 青 羊 *ts'ing-yang*, s'accorde avec la préférence signalée par tous pour les *yang* à couleur 青 *ts'ing*, c'est à dire d'un noir brunâtre

紫 毛 (貓) 皮 *tse-mao p'i* (p. 24). C'est, dit-on, un chat sauvage noir qui se rencontre en Mandchourie et au *Chen-si*. De fait, il y a, dans les boutiques de Chang-hai, des fourrures de ce nom, d'un beau noir, à poils fins et lustrés, qu'on attribuerait volontiers à un chat. Le caractère 紫, violet pourpre, semble indiquer pourtant une nuance moins foncée. Les documents reçus ne permettent guère d'en dire davantage. Leur imprécision provient, en partie, de ce que 野 貓 *yé-mao* désigne soit un chat sauvage, soit un lièvre, le *Lepus tolaï* (Pall.) dans le Nord, le *L. sinensis* (Gray) dans le Sud.

Pour rédiger cette note, on a mis à contribution les livres chinois: 爾 雅 *eul ya*, 三 才 圖 *san ts'ai t'ou*, 毛 詩 圖 *mao che t'ou*, 本 草 綱 目 *pen ts'ao kang mou*, 古 今 圖 書 *kou kin t'ou chou* etc., les ouvrages européens sur la Faune mammalogique chinoise, surtout les Voyages de l'abbé A. David, les publications de A. Milne-Edwards, Swinhoe, Gray et Möllendorf, et enfin des commerçants chinois de différentes régions. Ces derniers ont été d'une extrême complaisance; malheureusement des commerçants ne sont pas toujours des naturalistes. Les fourrures même qu'on peut voir à Chang-hai ont été apprêtées, maquignonnées, teintes: ce sont des produits marchands: on ne peut plus décider sûrement de quels animaux elles viennent. La fourrure d'une robe, par exemple, se composera de morceaux dont le plus grand est couvert par la main étendue.; il est probable que plusieurs espèces ou variétés zoologiques ont fourni quelque partie de cette mosaïque. Songeons d'ailleurs qu'en Europe, on fait du castor et de l'hermine avec du lapin. Ces réflexions excuseront, en partie, ce qui est ici visiblement incomplet et vague.

———

APPENDICE IV.

SOIE ET SOIERIES CHINOISES

par le P. F. Courtois, S. J. (柏 永 年)

(V. chap. V, pp. 22 et 33.)

On sait que la Chine est la patrie d'origine du mûrier *Morus alba* (L.) et du ver à soie *Bombyx (Sericaria) mori* (L.). Les vieux auteurs chinois, non suivis en ce point par *Se Ma-tsien*, font remonter l'art d'élever les Bombyx et de tisser la soie à 嫘 祖 *Léi-tsou* (du royaume de *Si ling*), femme de 黄 帝 *Hoang-ti* (2700 A. C.). Le 書 經 *Chou-king* au chapitre 禹 貢 *Yu kong* (tribut de Yu, vers 2200 A. C.), cite plusieurs provinces qui fournissaient en tribut de la soie, soie du mûrier cultivé 桑 *sang*, et du Bombyx ordinaire 蠶 *ts'an*, et aussi soie du mûrier sauvage 檿 *yen*, celle-ci dans le Chan-tong, celle-là dans le Chan-tong, le Chen-si, le Ho-nan, une partie du Hou-pé et le nord du Kiang-sou. Plus tard, peut-être aux environs de l'ère chrétienne, on utilisa les cocons d'un ver qui se nourrit des feuilles du chêne : c'est l'*Antheræa Pernyi* (Guér.-Mén.). Cette dernière industrie, longtemps monopolisée par le Chan-tong et le Liao-tong, fut introduite au Chen-si vers 1700 et au Koei-tcheou vers 1740 (P. C.).

Peu à peu, par la route de l'Inde et de la Perse, les tissus de soie, comme objet de haut luxe, puis le mûrier blanc et le bombyx pénétrèrent dans les contrées riveraines de la Méditerranée, à Constantinople, vers le VIe siècle, en France, sous Saint Louis, vraisemblablement.

Aujourd'hui la Chine récolte par an 11 à 12 millions de kilogrammes de soie grège (c'est-à-dire simplement dévidée du cocon), valant 300 millions de francs, soit un peu moins de 27^f le kilog. ; le Japon la suit de près et menace de la dépasser (8 millions et demi — ou davantage — pour 250 millions ou près de 29^f 50 le kilog.) ; l'Italie (3 millions de kilog.) et l'Indo-Chine (plus d'un million de kilog.) comptent encore parmi les sérieux producteurs de soie ; les autres nations fournissent de faibles quantités. La France, par exemple, est descendue à 600 mille kilog. Mais la soie espagnole est cotée 37^{fr}.50, la française 41^{fr}.60 et l'italienne 43^{fr}.30.

L'infériorité commerciale de la soie chinoise ne tient pas aux cocons, car les races de vers du Tché-kiang et du Kiang-sou rivalisent avec les meilleures de France (1), mais à des procédés défectueux de dévidage (triage imparfait ou nul des cocons, guindrage trop haut, d'où une torsion faible, inattention des ouvriers à éviter les "*bou-chons*"). Un exemple fera comprendre quelle perte en résulte. Les soies *tussah* (soies du chêne) valaient à 芝罘 *Tche-fou*, en 1885, de 11^{fr}.50 à 13^{fr}.50 le kilog. ou bien 30^{fr}., selon qu'elles provenaient du tirage indigène ou bien des machines européennes mises aux mains des Chinois. (Ce renseignement et plusieurs autres sont tirés d'un très savant et très intéressant ouvrage de M. A. Fauvel: *Les Sérici-gènes sauvages de la Chine*, p. 142). Il y a, d'ailleurs, des marques chinoises excellentes.

En plus du *Bombyx mori*, le mûrier nourrit des vers à soie sau-vage, des *Theophila*, un *Rondotia* et d'autres, sans doute. La quantité de soie ainsi obtenue est insignifiante. Le *Saturnia Atlas* (Walk.) fournit, aux environs de Canton, quelques étoffes assez grossières, mais solides; du *Saturnia pyretorum* (Westw.) on recueille quelque 20 000 kilog. de soie, et 2 à 3 mille kilog. de fil à pêcher, que des spéculateurs revendent en Europe sous le nom de crin de Florence. La soie de l'*Actias Selene* (Hubn.) est forte, élastique et tenace; on ne l'utilise pas, du moins à Chang-hai. Sur l'Ailante, vulgairement Vernis du Japon, *Ailantus glandulosa* (Desf.), 臭椿 *tch'eou tch'oen*, et sur le Poivrier de Chine (le *Fagara* du P. d'Incarville), *Zanthoxylon piperitum* (L.) 花椒 *hoa tsiao*, vit le *Philosamia Cynthia* (Drury). À l'encontre des indications données par des Chinois à M. Fauvel (op. cit. p. 76), nous pouvons témoigner que le ver du Zanthoxylon ne descend pas dans le sol, mais fait son cocon sur la feuille même; il est, de plus, bivoltin, à Zi-ka-wei tout au moins. Le ver de l'Ailan-te produit une certaine quantité de soie en Chine et surtout dans

---

(1) Ces excellentes qualités des cocons chinois sont dues à une sélection sévère exercée dans les districts qui s'occupent spécialement du grainage, et aussi à l'interdic-tion de faire deux éducations par an. Cette interdiction se trouve dès le XIe siècle A. C. dans le 周禮 *Tcheou li*, chap. 頁官 *hié koan*. On sait que les races bivoltines donnent une soie inférieure.

l'Inde. Quant à la fameuse soie noire, 黑 絲 *hé se*, récoltée sur Zanthoxylon dans les monastères du *Lo-chan*, au Chan-tong, personne depuis un demi-siècle n'a pu en voir le moindre échantillon. Il faut rayer de la liste des séricigènes le *Brahmea lunulata* (Mén.) et le *Chœrocampa japonica* (Bdv.) qui se chrysalident à nu dans la terre (1).

La seule soie sauvage d'une réelle importance est celle que l'on récolte sur le chêne, comme nous l'avons vu plus haut (p. 104); elle peut être évaluée à 1 600 mille kilog. au moins. Toutes les soies sauvages, *tussah*, *pongées*, en chinois 繭 綢 *kien tch'eou*, 天 絲 *t'ien se* etc., sont inférieures comme ensemble de qualités à la soie proprement dite. On les emploie parfois concurremment avec les déchets de cette dernière (bourre extérieure ou *blaze*, veste intérieure ou *telette*, cocons percés, mal venus, etc.) à fabriquer des étoffes qui imitent bien la peau de loutre, des peluches, des foulards, des velours.

Le tissage s'opère, en Chine, absolument comme en Europe: mêmes engins, mêmes procédés, mêmes combinaisons, à la réserve, bien entendu, des machines compliquées et de précision que nous avons inventées depuis un siècle et demi.—On pourra consulter sur les métiers et les procédés l'ouvrage chinois 農政全書 *Nong tchen ts'iuen chou* composé par 徐 光 啓 *Siu (Zi) Koang-k'i*, le grand ministre de de l'Empereur *K'ang-hi*. Les figures en ont, du reste, été reproduites au second volume de du Halde. Les détails techniques concernant les différentes combinaisons de fils (armures) qui donnent toutes les sortes de tissus se liront, par exemple, dans le 蠶 桑 萃 編 *Ts'an sang tsoei pien* (Hang-tcheou, librairie officielle 1898). Toutes nos armures s'y trouvent, armures simples, taffetas ou toile, sergé, croisé, satin, — armures composées, — armures factices, ou à dessins. Le fil de *chaîne*, qui doit être très résistant pour subir les frottements du «*peigne*», est préparé avec soin, tordu, et généralement de soie «*cuite*» ou «*décreusée*» (débarrassée du *grès* et du *cément* au moyen de l'eau bouillante); tous les brins peuvent être semblables, ou bien variés de grosseur et de torsion. La trame est presque toujours de soie «*crue*»; mais le fil est fin et tordu fortement ou bien large et lâche; parfois il y a 2 ou

---

(1) Le *Brahmea lunulata* vit sur le 凌 青 *tong ts'ing*, *Ligustrum lucidum* (Ait.); nous avons élevé le *Chœrocampa* sur des *Cissus* et des *Pinellia*; nous doutons qu'il vive sur le Camphrier.

plusieurs navettes chargées de fils différents; le tissu sera plus ou moins serré suivant les espacements des fils de chaîne et suivant que le peigne bat plus ou moins à fond les fils de trame, les «*duites*», selon le terme du métier; enfin il y a les apprêts et certains tours de main qui peuvent modifier l'aspect de l'étoffe, et les dessins les plus compliqués peuvent être enchâssés dans la plupart des types d'armures pour donner les «*façonnés*», les soies fleuries, disent les Chinois. Brochés, velours, damas, brocarts (1) sont familiers à l'industrie chinoise; le brocart, au lieu de fils d'or ou d'argent, se contente, en général, de fils de soie recouverts de papier doré.

Malgré le silence des livres, il est certain que dans beaucoup d'étoffes de soie, il entre du coton; et comme la soie est très hygrométrique et se charge facilement de diverses matières, l'ingéniosité falsificatrice des Chinois semble s'être exercée tout spécialement sur cet objet.

Nous manquons de compétence au point de vue commercial. Rappelons seulement que la Chine exporte la moitié de ses soies grèges, et que Lyon fabrique annuellement des soieries pour plus de 400 millions de francs. Qu'arriverait-il le jour où les manufactures chinoises outillées à l'européenne, emploieraient toute la matière première à leur portée et jetteraient chaque année sur le marché pour plusieurs milliards de tissus? Il est vrai que, pour le moment, le Chinois semble aussi médiocre industriel qu'il est merveilleux commerçant.

Disons maintenant quelques mots des sortes de soie énumérées dans le texte (p. 33).

線 綢 *sien tcheou* est un satin, satin de 7, selon l'expression technique, c'est-à-dire que le fil de trame passe successivement sous 1 et sur 7 fils de la chaîne; les fils de la chaîne sont alternativement gros et fins, ce qui donne à la surface un aspect ondulé; la largeur est de 18 pouces chinois 寸 *ts'uen*, ou 60 cm. environ. Les Chinois tiennent à ces "*laizes*" auxquelles ils sont habitués : c'est une indication dont le commerce étranger doit tenir compte. Cette étoffe se fait en uni et en façonné.

---

(1) Le brocart 錦 *kin* a-t-il été inventé par le duc de Tcheou (XIIe siècle A. C.)? En tout cas le caractère 錦 se trouve dans le 詩經 *Che-king*, ode 碩人 *che-jen* (57e du 國風 *kouo-fong*), attribuée au règne de 平王 *P'ing-wang*, 750 A. C.

寧 紬 *ning tch'eou* tire son nom de la ville 海 寧 州 *Hai-ning tch'eou* dans le Tché-kiang ; mais on en fabrique aussi au Se-tch'oan. Le *ning tch'eou* du Tché-kiang, 平 機 寧 紬 *p'ing ki ning tch'eou*, est un satin de 5 ; la chaîne est en soie cuite, la trame en soie crue ; la largeur est de 24 pouces, approximativement 80 cum et comporte 9 600 fils, ce qui fait à peu près 120 au cm. C'est donc un tissu très étoffé. Il se fait, comme presque toutes les sortes de soieries, en uni et en façonné. — Le *ning tch'eou* du Se-tch'oan, 緞 機 寧 紬 *toan ki ning tch'eou*, n'en diffère guère que par la largeur un peu moindre, 22 pouces, et par la trame qui est quelquefois de soie cuite ; la texture est aussi un peu plus fine et plus serrée, puisque la chaîne contient, quand même, 9 600 fils, au mininum. On voit que si les Chinois jugent la soie au poids, ils savent aussi l'apprécier d'après la finesse.

貢 紬 *kong tch'eou*, soie de tribut ou d'offrande (à l'Empereur). Elle ne paraît pas distincte des deux précédentes ; tout au plus reçoit-elle, étymologiquement une fabrication plus attentive. La longueur réglementaire des pièces est alors de 22 pieds.

緞 子 *toan tse* (p. 22) est le nom générique des satins ; le 摹 本 緞 *mo pen toan* y rentre donc à titre de variété ; c'est un tissu façonné ou à dessins. On peut y ajouter le 巴 緞 *pa toan*, tissé presque exclusivement au Se-tch'oan ; c'est un satin de 5 ; les pédales qui commandent les déplacements des fils de chaîne sont attaquées en rang, en allant d'abord de gauche à droite, puis en revenant de droite à gauche. Il n'y a que 3 000 fils de chaîne pour une largeur de 22 pouces ; cela donne une étoffe plus légère et d'un prix moindre que les précédentes pour les robes de cérémonie. Le 浣 花 緞 *hoan hoa toan* lui est identique, excepté que les pédales sont attaquées d'abord en allant vers la droite 2 fois de suite, puis vers la gauche 3 fois.

紗 *cha* représente la gaze, en armure taffetas, mais à fils très espacés, d'ailleurs de bonne qualité et solides. Chaque fil de chaîne est à 2 brins qui s'entrecroisent entre deux *"duites"* consécutives ; en battant les duites avec le peigne d'une manière inégale, suivant certains rythmes, et en apprêtant diversement les fils de chaîne, on obtient des effets variés.

Le taffetas 綢 子 *tcheou tse* peut être, comme la gaze, plus ou moins orné, et ses nombreuses sortes ont des noms différents.

Le 亮紗 *liang cha* est une gaze uniformément transparente, ce qui n'exclut pas, toutefois, quelques ornementations.

Le 直紗 *tche cha* est une gaze de soie pure dont les dessins s'enlèvent en clair sur un fond plus serré et moins transparent.

Quant aux 葛紗 *ko cha* et 葛綢 *ko tcheou*, ce ne sont pas des étoffes de soie; la plante qui les procure, 葛 *ko*, 葛藤 *ko-teng*, *Pueraria Thunbergiana* (Benth.) est une Légumineuse-Papilionacée vivace dont la racine sert de légume en Chine et dont la très longue tige ranpante et grimpante abandonne, après rouissage, des fibres textiles d'une grande solidité.

Le 廣東哆囉嗎 *koang-tong tou-lou-ma* est un tissu de chanvre ou de ramie, fabriqué, comme son nom l'indique, dans la province du Koang-tong.

La teinture s'applique à la soie avant ou après le tissage, et cela encore différencie certaines étoffes. Nous ne dirons rien des matières tinctoriales ni des procédés de leur application à la soie; elles proviennent surtout des végétaux et sont tenaces. Cependant on peut les enlever, en s'y prenant bien, témoin ce petit trait donné ici pour finir, comme simple curiosité. Une robe avait été teinte en rouge à l'aide des fleurs du 紅花 *hong hoa*, *Carthamnus tinctorius* (L.); son propriétaire, très longtemps après, voulant la faire teindre en bleu, on enleva et recueillit d'abord le rouge, et comme cette couleur est de haut prix, la quantité qu'on en retira fit plus que couvrir les frais de la teinture en bleu: le propriétaire de la robe reçut la différence. Rien de semblable n'arrivera aux couleurs d'aniline.

INDEX ALPHABÉTIQUE.

(Les chiffres arabes indiquent les pages ; les chiffres romains indiquent les planches).

(Les chiffres en caractères gras indiquent les passages les plus importants).

A

Adieux. 72, 74.

Âge. 52, 83.

Agneau. 33, 102.

Ambassadeurs. 44.

Année (Cadeaux de nouvelle). 60 seq.

— (Salut de nouvelle). 10 (Pl. VIII), 11, 48.

— (Visite de nouvelle). 54, 58, 59.

Anniversaire de naissance. 11, 48, 60, 63.

— de décès. **83.**

Apprenti saluant son patron. 13.

Asseoir (Manière de s'). 3 (Pl. II). Cas où l'on peut s'—. 18.

Assiettes. 71.

B

Bachelier. 21 (Pl. XIV).

Banquet. V. Repas.

Barque. 37, 38 (Pl. XXVI), 40 (Pl. XXVII).

Bâtonnets. V. *Tchou.*

— d'encens. 67.

Bibliographie. **85** seq., 102.

Bibliothèque. V. *Chou-fang.*

Boire (Manière de). 72. V. Thé, Vin.

Bottes. 20, 26 (Pl. XVIII), **34.**

Bougies. 15 (Pl. XI), 67.

Bouillon. 73.

Bourse. 35 (Pl. XXV).

Bouteilles. 71.

Bouton. 24 (Pl. XVI), 25 (Pl. XVII), 36. V. Globule.

Boutonner les vêtements. 36.

Bouts-rimés. 74.

Bras pendants. 58.

Briquet. 40.

C

Cabinet de travail. 37.

Cache-nez. 36.

Cadeaux. 48, **60** seq., 79, 80.

Calotte. 36, 71.

Canapés. 39, 41 (Pl. XXVIII), 42, 43.

Carte de deuil. 81 (Pl. XXXVI).

— de visite. 2, **48** seq., 56, 57, 62 (Pl. XXXIII), 64 seq., 80 ; pochette.

Cassolette. 67.

Ceinture. 28 (Pl. XX), 33, 82.

Cercueil. 78 (Pl. XXXV), 79, 81, 82.

Cha 沙 22, 25, **108.**

Chaise à porteurs. 44, 45 (Pl. XXIX), 47, 49, 51, 58, 74.

Chaises. 39, 40, 42.

Chambres. 37.

Chan 扇. 35 (Pl. XXV).

Chandeliers. 15 (Pl. XI), 43, 67.

Chang-se 上司. 50.

Chang-t'ang 上湯. 73.

Chang-tch'a 上茶. 73.

Chang-tchouo 上坐. 71.

Chao-hing 紹興. 74.

Chapeaux. **20** seq., 43, 54, 61, 71, 80.

— de cour. 25, 33.

Chapelets d'honneur. 35.

Chat. 102.

Chauve-souris. 99.

Che-mien tcho 石面桌. 40, 41 (Pl. XXVIII).

Che-t'ai 石臺. 40, 41 (Pl. XXVIII), 42.

Ché-li-suen 猞狸猻. 25, 101.

Chen-lan 深藍. 79.

Cheng-k'iuen 升拳. 74.

Cheng-koan 升冠. 27.

Cheou 壽. 11, 12 (Pl. IX).

Cheou-kin 手巾. 57, 62 (Pl. XXXIII), 73, 74.

Cheou-li 壽禮. 60.

Cheou-ling tsouo-tsa koan 首領佐雜官. 13.

Cheou-mien 壽麵. 60.

Cheou-pen 手本. 50.

Cheou-tiao 受弔. 82.

Cheou-ts'i 首七. 82.

Cheval. 47.

Chien. 25.

Choei-kouo 水菓. 70.

Chou 鼠. 24, 98 seq.

Chou-fang 書房. 37, 40 (Pl. XXVII).

Cierges. 79.

Col, collet. 28 (Pl. XX), **34.**

CORRIGENDA.

Page	Ligne	Au lieu de :	Lisez :	Page	Ligne	Au lieu de :	Lisez
20	5	*pai-pai*	*pai-p'ai*	51	6	*yen*	*hien*
24	6	*ts'c*	*tsc*	56	,,	,,	,,
31	7,8	*ts'ien*	*tsien*	59	(titre)	*t'a-pai*	*ta-pai*
32	3,4,9	*ts'ien*	*tsien*	74	14	臺	擡
37	9	*k'o-t'ing*	*k'o-t'ang*	75	2	*ta-tche*	*ta-tch'c*
37	16	凉廳	凉亭	75	2	*ts'i-tche p'en*	七寸盤 {*ts'i-ts'uen p'an*
38	2	條儿	條几	82	2	*pou-wen*	*fou-wen*
39	14	*ta-fang-ki*	*ta-fang ou*	82	8	*sang-pai*	*sang-p'ai*
40	(Pl.XXVII)	旱船	旱船	82	22	*pé-tchang-chan*	*pé-tch'ang-*
42	(figure)	方杭	方枕	83	4,13	*pou-wen*	*fou-wen* [*chan*
42	dernière	*tchen*	*tcheng*				
50	29,31	*yen*	*hien*				

VARIÉTÉS SINOLOGIQUES

N° 15. **Exposé du commerce public du sel**, par le P. Pierre Hoang. — 18 pp., 14 cartes hors texte. 1898.......................... $ 2.00

N° 16. **Plan de Nankin**, par le P. Louis Gaillard, S.J. — 1 carte en quatre couleurs. 0 m. 93 × 0 m. 72. 1898......................$2.00

N° 17. **Inscriptions juives de K'ai-fong fou**, par le P. Jérôme Tobar, S.J. — VI-112 pp., une gravure sur bois et 7 photolithographies. 1900... $ 2.00

N° 18. **Nankin port ouvert**, par le P. Louis Gaillard, S. J. — XII-484 pp. avec un portrait de l'auteur, 2 vues de Nankin en photogravure, plusieurs cartes. 1901........................... $ 5.00

N° 19. 天主 **T'ien-tchou "Seigneur du Ciel"**, par le P. Henri Havret, S.J. — II-30 pp., 3 lithographies. 1901............. $ 1.00

N° 20. **La stèle chrétienne de Si-ngan fou**, 3ᵉ partie. *Commentaire partiel et pièces justificatives*, par le P. Henri Havret, S.J., avec la collaboration du P. Louis Cheikho, S.J. — II-90 pp., texte syriaque inclus. 1902... $ 2.00

N° 21. **Mélanges sur l'administration**, par le P. Pierre Hoang. — 242 pp. 1902.. $ 3.50

    Tableaux des titres et des appellations de l'Empereur, des membres de sa famille et des mandarins (*Extraits du N° 21*), par le P. Pierre Hoang. —58 pp. 1902.........................$ 0.50

N° 22. **Histoire du royaume de Tch'ou** (1122—223 av. J.-C.) par le P. A. Tschepe, S.J. — 402 pp., une carte hors texte. 1903. $5.00

N° 23. **Nankin. Aperçu historique et géographique**, par le P. L. Gaillard, S.J. — VI-350 pp., 17 cartes, 29 photogravures, 7 photolithographies, plusieurs gravures sur bois. 1903........ $ 8.00

N° 24. **Synchronismes chinois.** *Chronologie complète et concordance avec l'ère chrétienne de toutes les dates concernant l'histoire de l'Extrême-Orient (Chine, Japon, Corée, Annam etc.)* (2357 av. J.-C. — 1904 apr. J.-C.), par le P. Mathias Tchang, S.J. — LXXXIV-530 pp. 1905.. $ 8.00

PUBLICATIONS DIVERSES.

法漢字彙簡編. Petit Dictionnaire français-chinois *avec romanisation*, par le P. A. DEBESSE, S. J.— VI-557 pp. in-16 (*papier indien*), 2e édition. 1903. relié peau souple........ $ 3.50

漢法字彙簡編. Petit Dictionnaire chinois-français *avec romanisation*, par le P. A. DEBESSE, S.J. — IV-552 pp. in-16 (*papier indien*), 2e édition. 1906. relié peau souple........$ 4.50

法華字彙. Petit Dictionaire français-chinois, dialecte de Chang-hai 上海土話 *avec romanisation*, par le P. CORENTIN PÉTILLON, S.J. — pp. IV-598 in-16 (*papier indien*), 1905. relié peau souple ....$ 4.00

官話指南. La Boussole du langage mandarin, traduite et annotée par le P. HENRI BOUCHER, S. J. — VI-482 pp. in-8°, 4e édition. 1904..$ 4.50

法文初範. Grammaire française chinoise, par le P. L. TSANG, S. J. — 262 pages in-16, 3e édition. 1904.....................$ 1.00

法語進階. Introduction à l'étude de la langue française, à l'usage des élèves chinois, par le P. H. BOUCHER, S. J. — 216 pages in-8°, 6e édition. 1905....................... $ 1.00

英語進階. A Method of learning to read, write and speak English for the use of Chinese pupils, introduction. 28 pages in-8°, 3e édition. 1902................................$ 0.15

英文撮訣. A Method of learning to read, write and speak English for the use of Chinese pupils, { 1ère partie 172 pages / 2e „ 143 „ } in-8°, 1904-1905.......................................$ 2.00

Atlas du haut Yang-tse, de I-tch'ang fou à P'ing-chan hien, levé *Nov. 1897 — Mars 1898*, par le P. ST. CHEVALIER, S.J. — Dessiné au 25 millième, cet atlas comprend 65 cartes de 0m,5 sur 0m 4.. $ 2200

La navigation à vapeur sur le haut Yang-tse, par le P. ST. CHEVALIER, S.J. — 13 pages in-4°, avec 4 cartes. 1899.... $ 0.80

Calendrier-annuaire de l'Observatoire de Zi-ka-wei pour 1903, 1904, 1905, 1906, 1907. in-16. Chaque...................... $ 1.00

www.ingramcontent.com/pod-product-compliance
Ingram Content Group UK Ltd.
Pitfield, Milton Keynes, MK11 3LW, UK
UKHW022235120726
13694UKWH00002B/834